Erich Schmidt-Schell

Vom Talmud zur Bibel

Erich Schmidt-Schell

Vom Talmud zur Bibel

Die Lebensgeschichte des Wilhelm Baum

Missionswerk FriedensBote
Gummersbach
1996

ISBN 3-931346-09-9

Erich Schmidt-Schell, Vom Talmud zur Bibel
Titelbild: Alexander Giesbrecht

VORWORT

Mit diesem Buch wird, wie schon der Untertitel auf der Vorderseite verrät, ein Lebensbericht vorgelegt. Angesichts dessen wird der eine oder der andere vielleicht die Frage stellen: »Warum werden solche Bücher geschrieben? – Wollen sich da Menschen groß machen, sich ein Denkmal setzen?«

Zweifellos, das mag es geben. Unser Bestreben ist es allerdings nicht. Wir tun es, weil wir zeigen möchten, daß unser HERR auch heute noch am Wirken ist und Menschenherzen verändern kann – dort wo es Menschen zulassen.

Dafür ist der Lebensbericht des Missionars Wilhelm Baum ein eindrückliches Zeugnis, wie sonst hätte dieser Mann aus dem Judentum zum Glauben an den Messias Jesus Christus finden können!?

Die vorliegende Biographie baut auf persönlichen Aufzeichnungen Wilhelm Baums auf, der heute in der 11520 West 51st Terrace in Shawnee, Kansas 66203–14033 wohnt.

Meine, des Verfassers, Aufgabe bestand darin, das Ganze in eine literarische Form zu bringen. Wilhelm Baum hat letztendlich das Manuskript dann auch auf seine sachliche Richtigkeit hin überprüft. Ihm sei für seine Unterstützung bei der Entstehung dieses Werkes ein herzliches Dankeschön gesagt.

Der Autor

»Wissen Sie, was am 3. Juni 1915 geschah?« so habe ich schon manchmal gefragt und erlebt, daß die Gefragten sehr nachdenklich wurden, ihr ganzes Wissen durchstöberten und zum Schluß ratlos den Kopf schüttelten. »Ganz einfach«, klärte ich sie dann auf, »an diesem Tag wurde ich in Dortmund geboren.« – Die Reaktionen darauf waren bisher immer sehr unterschiedlich und werden es wohl auch bleiben.

Wenn ich versuche, mich an meine frühesten Eindrücke zu erinnern, so komme ich zu dem unangenehmen, fast allnächtlichen Vorgang, daß ich eiligst aus dem warmen Bett geholt, rasch in Decken eingehüllt und in den kalten Keller gebracht wurde. Dann war das Dröhnen von Flugzeugen und die Detonation von Bomben zu hören.

Mutter erzählte mir später, ich sei ein sehr nervöses Kind gewesen. Wahrscheinlich stand das im Zusammenhang mit diesen unangenehmen Erlebnissen des Ersten Weltkrieges.

Vater war über ein »Betten-Spezialgeschäft« zu einer »Bettfedernsortierungs- und Reinigungsfabrik« mit über hundert Angestellten gekommen. Meine Eltern waren in den jüdischen Kreisen hochangesehene Leute. Ich wuchs mit noch einem Bruder und zwei Schwestern auf.

Wir zählten uns zu den reformierten Juden, das heißt, wir waren ziemlich liberal. Mein Vater bezeichnete sich gelegentlich sogar als Freidenker. So weit ich mich erinnern kann, gingen wir im Jahr nur zwei- oder dreimal an den hohen Feiertagen, um deren Bedeutung wir aber nicht wußten, zur Synagoge. Diese Zusammenkünfte waren für uns mehr gesellschaftliche Ereignisse als religiöse Notwendigkeiten. Für uns Kinder hatte der Synagogen-Besuch am Sabbat, dem Samstag, noch den erfreulichen Nebeneffekt, daß wir nicht zur Schule brauchten. Besonders gerne hatten wir es, wenn wir in der Synagoge von den Eltern getrennt sitzen durften. Wir gingen dann oft während des Gottesdienstes hinaus und unterhielten uns mit Freunden, weil es drinnen doch so langweilig war.

Nach der jüdischen Gemeindeordnung wurde ich mit dreizehn Jahren zum »Bar Mitzwah« – Sohn des Gesetzes. Damit war ich vor dem Schöpfer für mein Handeln nun selbst verantwortlich und nicht mehr mein Vater.

Dieser Tag wurde mit dem morgendlichen Gang zur Synagoge eingeleitet, und mein Vater scheute keine Kosten, um ihn groß zu feiern. Im Gottesdienst durfte ich einige Zeilen in Hebräisch aus der TORAH lesen. TORAH bedeutet: grundsätzliche Statuten oder Verordnungen, die auf die Gesetze hinweisen, die Moses von Gott erhielt.

Mir stellte sich das Judentum oft als ein Hindernis dar, vor allem, wenn es um die Beziehung zu anderen Menschen ging. Ich denke da an unseren Privatchauffeur. Mit ihm verband mich eine besondere Freundschaft, und es war meine größte Freude, mit ihm in unserem Keller vor dem großen Heizungsofen zu sitzen und Fleischwurst zu essen, die er in der Glut gewärmt hatte.

Unsere Freundschaft war so eng, daß er mich eines Tages sogar zu einem Picknick mit seiner Familie einlud. Ich wußte zwar genau, daß mein Vater dem nicht zustimmen würde, bat ihn aber trotzdem um Erlaubnis.

»Was fällt dir ein, daß du, ein jüdischer Junge und

Sohn eines Chefs, mit einem gewöhnlichen christlichen Mann so etwas tun willst?« wies er mich erbost zurecht.

Das war mir nun doch zu viel, und bevor ich es recht bedacht hatte, hörte ich mich sagen: »Schau mal, Vater, der Mann verdient sein Geld doch genauso ehrlich wie du, vielleicht noch etwas ehrlicher!...«

Da sprang Vater vom Tisch auf und kam wütend auf mich zu. Doch bevor er mich fassen konnte, rannte ich weg und schloß mich auf der Toilette ein, bis sich sein Zorn etwas gelegt hatte.

»So einen Sohn muß man in die Welt setzen!« hörte ich ihn vor der Tür sagen.

Wir Kinder hatten überhaupt sehr viel Angst vor unserem Vater, weil er gleich so wütend wurde. Mutter mußte uns oft vor seinem Zorn in Schutz nehmen. Mich konnte Vater nie härter treffen, als wenn er mir das Fahrradfahren verbot. Und diese Strafe verhängte er jedesmal über mich, wenn ich etwas angestellt hatte. Eine ganze Woche lang durfte ich dann mein schönes Rad nicht benutzen. Während dieser Zeit blieb mir nichts anderes übrig, als jeden Morgen eine Stunde früher aufzustehen, da ich zu Fuß zur Schule gehen mußte.

Dann erinnere ich mich an die Zeit, in der ich mich nach Liebe und Geborgenheit sehnte, jedoch nicht wagte, mich jemand anzuvertrauen. Aber wie groß war mein Leiden, wenn meine um zwei Jahre ältere Schwester ihre Schulfreundinnen mit nach Hause brachte, genauer gesagt: wenn sie eine ganz bestimmte mitbrachte. Weshalb? – Ich hatte mich total in sie verknallt. Ob sie etwas davon ahnte, weiß ich nicht. Von mir erfuhr sie jedenfalls kein Wörtchen darüber.

Für mich wurde das Kino zu einem Ventil. Der damals noch ziemlich junge Tonfilm wurde meine große Leidenschaft. Ich ergötzte mich an den aufregenden und romantischen Szenen mit den damaligen Filmgrößen. »Ergötzte« – so sehe ich das heute – ist ein Wort, das meine damalige Situation treffend beschreibt. Diese Filmgrößen waren meine Götzen geworden, sie nahmen den Platz in meinem Leben ein, der Gott zustand.

Dann kam die große Wirtschaftskrise. Der Ruf nach einer Lösung wurde immer lauter, aber es wurde keine gefunden. Ich erinnere mich noch, wie ich Ende 1931 am Fenster unseres Wohnzimmers stand, die »Berliner Illustrierte« zur Hand nahm und ein Gedicht zum Jahreswechsel las, dessen letzte Zeilen wie folgt lauteten:

»...hoffentlich schenkst du uns fleißig Arbeit,
Brot und frischen Mut;
neunzehnhundertzweiunddreißig,
werde besser, werde gut.«

Dieser Wunsch ging leider nicht in Erfüllung. Die Unruhen in Deutschland häuften sich sogar noch und nahmen an Härte zu. In der Hauptsache wurden die Kämpfe – manchmal sogar Schlachten – gegen die Kommunisten geführt. Schließlich war im Radio die Rede von einem neuen Führer, der aber nicht gut auf uns Juden zu sprechen war. Diese Nachrichten lösten bei vielen zumindest Befürchtungen aus. Mein Vater teilte sie allerdings nicht. »Einen solchen Mann läßt man in Deutschland nicht ans Ruder kommen«, meinte er.

Nach Abschluß der Handelsschule trat ich die kaufmännische Lehre in einem großen jüdischen Kaufhaus in Dortmund an. Monate später wurden wir in einem Saal über die Tarnung von Gebäuden, Fahrzeugen und so weiter unterrichtet. Ich hatte keine Ahnung davon, weshalb das geschah, selbst dann noch nicht, als man uns erklärte, wie man Brandbomben »unschädlich« machen konnte.

Inzwischen stand fest, daß sich mein Vater getäuscht hatte. Der besagte »Führer« namens Adolf Hitler war doch an die Macht gekommen, und das hatte sofort Auswirkungen. Als ich eines Morgens, wie gewöhnlich, durch den Personaleingang in das Kaufhaus wollte, standen zwei Männer mit gespreizten Beinen und Sturmriemen unter dem Kinn davor. Der eine von ihnen fragte mich, was ich in dem Geschäft wollte.

»Ich bin hier angestellt«, sagte ich.

»Na schön, geh schon rein. Von heute an wird hier sowieso kein Deutscher mehr etwas kaufen!« erklärte er barsch.

Tatsächlich saßen wir fast den ganzen Tag untätig herum, weil nur wenige Kunden kamen. Und die wenigen waren fast ausschließlich Juden. Über die Deutschen, die sich trotz der Türposten zu uns herein wagten, freuten wir uns besonders.

Bald darauf blieb die deutsche Kundschaft aber ganz weg, weil in den Zeitungen Bilder von Frauen veröffentlicht wurden, die in jüdischen Geschäften eingekauft hatten. Unter den Bildern stand zu lesen: »Die Kamera trügt nicht! Seht euch die Verehrerinnen jüdischer Geschäftsmethoden an!«

Weil die Kundschaft ausblieb, wurden wenige Tage später alle Angestellten entlassen.

Zu Hause herrschte eine sehr gedämpfte Stimmung. Wir sprachen nur wenig miteinander und hörten viel

Radio. Wenn wieder ein »Erlaß« bekanntgegeben wurde, der nichts anderes als Verbote für uns Juden enthielt, nahmen wir ihn mit einem Kopfschütteln auf.

Schließlich wurden alle jüdischen Vereine aufgelöst und jede Zusammenkunft für uns verboten.

Dann – das tat mir besonders weh – wurde ich aus der Pfadfindergruppe ausgeschlossen, die ein früherer Schulkamerad von mir gegründet hatte. Eines Abends, schon ziemlich spät, kam mein Gruppenleiter zu uns nach Hause und erklärte stotternd, daß es wohl besser wäre, wenn ich mit ihm und den anderen nicht mehr zusammenkäme. Als er meine Traurigkeit sah, versuchte er mich damit zu trösten, daß die Schlechtigkeit, die so im allgemeinen über die Juden erzählt würden, auf mich und meine Familie nicht zuträfen. Er wisse sehr wohl, daß wir anständige Leute seien.

Das bekamen wir hin und wieder auch von anderen gesagt, wurden trotzdem aber immer einsamer.

Dann legte mir der Gruppenleiter die Hand auf die Schulter und ich merkte, wie er mit seinen Gefühlen zu kämpfen hatte. »Wilhelm«, sagte er leise, »um uns beiden Probleme zu ersparen, wäre es am Besten, wenn wir uns auf der Straße auch nicht mehr grüßten. Man weiß ja nie, wer einen dabei beobachtet. – Wir bleiben trotzdem aber weiterhin gute Freunde.« – Dann ging er mit gesenktem Kopf fort, und ich machte mich auf den Weg zu einem meiner besten Freunde, in der Hoffnung von ihm verstanden zu werden.

Doch als ich an der Haustür seines Elternhauses klingelte, öffnete seine Mutter das Fenster und sagte: »Ich denke, es wäre für dich und uns am Besten, wenn du dich sofort umdrehen und wieder nach Hause gehen würdest.« Dann schloß sie das Fenster, – rasch sogar – und ich wußte, daß ich auch hier auf kein Verständnis mehr hoffen konnte.

Eines Tages standen auch vor dem Geschäft meines Vaters zwei Männer. Sie hielten ein Schild, auf dem zu lesen war: »Deutsche wehrt euch! – Kauft nicht bei Juden!«

Bald darauf wurde unser Geschäft von einem unserer Angestellten geleitet. Vater durfte zwar in seinem Büro sitzen, aber nichts mehr sagen.

Jetzt unterhielten sich meine Eltern meistens nur noch flüsternd. So auch als sie darüber sprachen, daß in letzter Zeit viele unserer jüdischen Freunde plötzlich über Nacht aus ihren Wohnungen verschwanden.

»Man erzähle sich«, sagte Vater, »sie würden in Schutzhaft genommen.«

Diesem »Schutz« schien einer meiner liebsten Onkel aber nicht zu trauen. Aus Furcht vor ihm beging er Selbstmord.

* * *

Ungefähr ein Jahr später, im Juli 1933, kam ich an unserem Stadttheater vorbei und sah Adolf Hitler persönlich. Er stand auf einer Tribüne, die vor dem Theater aufgebaut war, und sah wohlwollend auf die Kolonnen der an ihm vorüberziehenden SA-Leute, die ihre Hände zum Gruß erhoben hatten.

Ich versuchte so schnell wie möglich von hier wegzukommen, denn bei solchen Anlässen wußte man nie was geschah, wenn die spalierstehenden SA-Männer einen Juden erblickten, zumal die SA von Himmler zur »Hilfspolizei« ernannt worden war, und sie diese Ernennung sehr ernst nahm. Bei ihren Straßenpatrouillen geschah es nicht selten, daß sie Juden, die gerade des Weges kamen, grundlos mißhandelten.

In letzter Zeit war es sogar zwecklos, sich darüber bei der normalen Polizei zu beschweren. Eine solche Beschwerde wurde nicht nur ignoriert, sondern konnte dazu führen, wie es immer öfter geschah, daß der Beschwerdeführer, flankiert von zwei SA-Leuten, durch die Straßen geführt wurde, mit einem Schild um den Hals, auf dem in großen Buchstaben zu lesen stand: »Ich werde mich nie mehr bei der Polizei beschweren.«

Mir ist auch noch deutlich die Hauswand vor Augen, an der ein großes Transparent mit dem Ausspruch von Hitler angebracht war: »Gebt mir zehn Jahre und ihr werdet Deutschland nicht wiedererkennen!«

Der Mann hatte recht; zwölf Jahre nach Antritt seiner Herrschaft war Deutschland nicht mehr wiederzuerkennen. Aber wahrscheinlich in einem anderen Sinn, als er es sich dachte: Deutschland war in jeder Hinsicht ein Trümmerfeld!

Im Jahre 1946, – um der Geschichte ein wenig vorzugreifen, – hatte ich als Soldat der Amerikanischen Besatzungsmacht die Gelegenheit, meine Heimatstadt Dortmund wieder zu besuchen. Sie war kurz vor Kriegsende mit einem sogenannten »Bombenteppich« belegt worden, und ich hatte Mühe, mich in den Straßen, wo fast keine Häuser mehr standen, zurechtzufinden. Als ich dann vor unserem Grundstück stand, fand ich von meinem Elternhaus nur noch einen kleinen Mauerrest vor. Mit wehem Herzen ließ ich meinen Blick über den riesigen Trümmerhaufen gleiten und entdeckte den alten Küchenherd meiner Mutter. Er sah zwischen den Steinen und anderem Gewirr ein Stück hervor. Da konnte ich mich nicht mehr halten. Ich stieg über die Trümmer zu dem Ofen, hockte mich neben ihn und weinte. Was die Passanten über den weinenden Soldaten auf dem Trümmerhaufen denken mochten, war mir in diesem Augenblick gleichgültig...

Ich dachte an meine Kindheit und wie rosig meine Zukunft noch aussah, als ich damals durch dieses Haus tobte, auf dessen Trümmern ich nun saß. Ich sollte einmal Vaters Geschäft übernehmen, es noch vergrößern, und nach Möglichkeit in Immobilien investieren. Doch es war ganz anders gekommen...

Durfte ich aber traurig darüber sein? – Ja, es schmerzte noch, ich konnte es nicht leugnen. Aber es gelang der Erinnerung nicht, mich so gefangenzunehmen, daß ich total niedergedrückt war. Ich war mir sicher, daß, wenn ich in diesem Haus geblieben wäre, ich nie zu der Entscheidung gefunden hätte, die ich ein paar Monate zuvor getroffen hatte.

Ich hatte mich von ganzem Herzen dem Mann von Golgatha anvertraut, der mir einen Besitz zusicherte, den weder die Motten fressen, noch der Rost zerstören, noch Diebe stehlen konnten. Er vermachte mir ein Haus, das keine Bomben in Schutt und Asche legen konnten.

Der Trümmerhaufen, auf dem ich saß, war kein wirklicher Besitz, er war es auch nie gewesen. Tief in meinem Herzen hatte ich die Gewißheit, Bürger eines Reiches zu sein, in dem keine Kriege, Hungersnöte, Sorgen und Krankheiten mehr sein werden, ja noch nicht einmal mehr der Tod. War das nicht enorm?

Ich dankte dafür – und tu das auch heute noch jeden Tag, – daß meine Eltern verhältnismäßig früh aus Deutschland fortkamen und uns die schwersten Verfolgungen erspart blieben. Sie schrieben damals zu Verwandten in Amerika, die sofort bereit waren, mich und meinen jüngeren Bruder aufzunehmen.

Am 5. Juni 1934 gingen wir in Bremerhafen an Bord der »Bremen«. Sie zählte zu den beiden schnellsten und feudalsten Ozeandampfern der damaligen Zeit, die das »Blaue Band« errangen und den Atlantik in fünfeinhalb Tagen überquerten.

* * *

In New York wurden wir von deutschsprechenden Freunden unserer Verwandten in Empfang genommen und blieben auch einige Tage bei ihnen. Das Bestreben unserer Gastgeber war, uns die Stadt bekannt zu machen. Wohin sie auch gingen, nahmen sie uns mit. Was wir dabei zu Gesicht bekamen, war so überwältigend, daß wir es nicht verarbeiten konnten und schließlich darum baten, zu Hause bleiben zu dürfen.

Eine der größten Umstellungen bestand für uns darin, auf die amerikanischen Essgewohnheiten einzuschwenken. So gab es keinen Nachmittagskaffe und zum Abendbrot nicht, wie wir es gewohnt waren, Brot mit Aufschnitt und Tee oder Kaffee, sondern ein reguläres Essen mit Nachtisch.

Wo ich gerade beim Essen bin, erinnere ich mich an unsere Bahnfahrt nach Kansas City, unserem künftigen Heimatort. In dem Bummelzug der Bahngesellschaft »ERIE« verbrachten wir knapp fünf Tage. Als wir zum erstenmal den Speisewagen betraten, stellten wir fest, daß die Speisekarte nur in englischer Sprache abgefaßt war. Da mein Bruder und ich dieser Sprache aber nicht mächtig waren, sahen wir nicht gerade glücklich drein.

Kurz entschlossen entschieden wir uns, verschiedene Speisen auszuprobieren, die uns interessant erschienen. Bei der Aufgabe unserer Bestellung zeigte sich der Ober amüsiert und fragte etwas, das wir aber nicht verstanden. Als er die Speisen brachte, wußten wir, weshalb er sich belustigt zeigte. Wir bekamen zuerst Pellkartoffeln, dann Kartoffelbrei mit Bratkartoffeln und schließlich Pommes frites und Kartoffelsalat.

Am folgenden Tag brachte uns der Ober nach dem Essen eine kleine Schale mit klarer Suppe, wie wir meinten. Als ich sie versuchte, sagte ich zu meinem Bruder: »Die schmeckt wie Wasser.«

Er versuchte ebenfalls und kam zu dem gleichen Ergebnis wie ich.

»Ich werde den Ober fragen, was es mit der Suppe auf sich hat«, sagte ich.

Meinem Bruder stand die Kartoffelgeschichte aber noch so deutlich vor Augen, daß er strikt dagegen war. Da kam der Ober gerade vorbei und ich bedeutete ihm, daß ich den Inhalt der Schale erklärt haben wollte.

Er tauchte drei Finger seiner rechten Hand hinein, rieb sie etwas und trocknete sie an einer Serviette ab. »a fingerbowl (Eine Spülschale)«, sagte er.

Mein Bruder sah mich lächelnd an. Wir waren wieder einmal hineingefallen.

Am Bahnhof in Kansas City wurden wir von unserer Tante in Empfang genommen. Sie führte uns zum Auto, setzte sich selbst hinter das Steuer, und ich kam aus dem Staunen nicht heraus, weil ich bis dahin noch nie gesehen hatte, daß eine Frau Auto fuhr. Als unbegreifliches Wunderwerk erschien mir das Radio im Auto, das ohne Steckdose und ohne große Antenne funktionierte, sogar während der schnellen Fahrt!

Unsere Verwandten waren wohlhabende Leute, weil der Onkel Mitbesitzer und Präsident der größten Fabrik in der Stadt war, die Briefumschläge herstellte.

Ich begann schon bald in dieser Fabrik zu arbeiten. Meine Aufgabe bestand darin, Maschinen zu ölen und mit Papier beladene Karren zu schieben. Später durfte ich Lkw fahren und Kunden beliefern. Mein Bruder trat eine Arbeit im Büro an. Nach Feierabend nahmen wir beiden Sprachunterricht. Das meiste Englisch lernte ich aber im Kino, weil dem Film weiterhin meine Leidenschaft gehörte. Unsere Verwandten waren sehr darum besorgt, daß wir Anschluß fanden und stellten uns jüdischen Mädchen vor. Mit ihnen und den Verwandten gingen wir dann zum Tanzen in den jüdischen Klub, besuchten Parties und amüsierten uns. Zur Synagoge gingen wir, – wie früher, – nur an besonderen Feiertagen.

Nach einer gewissen Zeit gefiel mir die Arbeit in der Fabrik nicht mehr, besonders dann nicht mehr, als ich zur Nachtarbeit bestimmt wurde. Nach zwei Jahren kündigte ich und begann eine Lehre im Versand eines Modewarenhauses.

Bevor wir die amerikanische Staatsbürgerschaft erhielten, mußten wir uns, den gesetzlichen Bestimmungen entsprechend, einer gewissen Schulung unterziehen. Wir wurden in amerikanische Sitten und Gebräuche eingeführt und besonders in Staatsbürgerkunde unterrichtet. Mit großer Freude sahen wir dem Tag entgegen, an dem wir vor einem Richter die rechte Hand heben mußten, um zu rechtmäßigen Staatsbürgern erklärt zu werden.

Als das geschehen war, ging ich zu unserem Lehrer und bedankte mich dafür, daß er uns so viel beigebracht hatte. Aus Spaß sagte ich: »Vielleicht werde ich jetzt eines Tages sogar Präsident dieses Landes.«

Er klärte mich auf, daß dies nach der Verfassung nicht möglich sei, daß nur der Präsident werden könne, der in Amerika geboren wurde und meinte: »Siehst du, Wilhelm, du hast diese Chance mit deiner Geburt verpaßt, du bist falsch geboren worden. Nichts kann an dieser Tatsache ändern. Es sei denn, du würdest von neuem geboren und dann als Amerikaner und nicht als Deutscher.«

Diese Unterhaltung habe ich nie vergessen. Denn eines Tages sah ich ein, daß ich durch den Sündenfall Adams falsch geboren wurde und von mir aus keine Möglichkeit hatte, diese falsche Geburt aufzuheben. Aber Gott machte mir durch das Blut seines Sohnes Jesus Christus das Angebot der Bekehrung, der Wiedergeburt, die also meine »falsche Geburt« aufhob. Und in dem Moment, als ich ihm meine Schuld bekannte, ihn als meinen Erlöser und Herrn annahm, geschah das vorher Undenkbare: ich stieg auf zur höchsten Position, ich war frei von Sünde und durfte nun in der Gemeinschaft mit Gott leben!

* * *

Meine Eltern kamen mit meiner jüngeren Schwester im Jahre 1939 nach Kansas City. Meine ältere Schwester war nach Rio de Janeiro gegangen, um ihren nach dorthin ausgewanderten jüdischen Freund zu heiraten.

Damals schenkte mir mein Vater eine Leica und ich machte bald recht gute Bilder, so daß mich eine Verkäuferin des Fotogeschäftes, in dem ich Kunde war, darum bat, einige Aufnahmen von ihrem Baby zu machen. Ich kam ihrer Bitte nach und sie war mit den Bildern so zufrieden, daß sie in ihrem Bekanntenkreis davon erzählte. Die Folge war, daß ich als Babyfotograf bald überallhin eingeladen wurde.

Zur gleichen Zeit bewarb ich mich aufgrund einer Anzeige bei einer Zeitung, die einen Gehilfen ihres Fotografen suchte, und wurde für zwölf Dollar die Woche angestellt. Nach und nach verbesserte ich meine Fotoausrüstung und richtete in dem Haus, das meine Eltern inzwischen gekauft hatten, eine gut ausgestattete Dunkelkammer ein. Dann, nach der Zwischenstation als Fotograf jüdischer Hochzeiten, freundete ich mich mit einem Pressefotografen an und war als freier Mitarbeiter für die Zeitung tätig, bei der er angestellt war.

Ich verdiente nicht schlecht, aber im Vergleich zu anderen auch nicht viel. Da riet mir ein Freund, vor allem an Wochenenden in Lokale und Nachtclubs zu gehen und Leute beim feiern zu fotografieren. »In solchen

Augenblicken sitzt ihnen das Geld locker und du kannst unter Garantie gute Geschäfte machen«, meinte er.

Ich befolgte den Rat und war überrascht, wie dunkel und rauchig die Gasträume waren. Doch der hochkerzigen Lampe, die ich anstatt der teuren Blitzlichtbirnen benutzte, war ihre Dunkelheit nicht gewachsen. Sobald sie aufflammte, mußte das Dunkel weichen.

Aber das Licht erschreckte die Leute an den Tischen und der Bar. Einige schoben ihre Freundinnen von sich und andere zupften an ihrer Kleidung, um sie in Ordnung zu bringen.

Das waren dann jene Augenblicke, in denen die Inhaber der Lokale auf den Plan traten. »Was fällt Ihnen überhaupt ein, hier so viel Licht zu machen!« schimpften sie.

»Ich möchte fotografieren. Das ist aber nur im Hellen möglich«, erklärte ich auf.

Das zog aber nicht. »Wollen Sie mir die Kundschaft verjagen?« wurde ich angeschnauzt. »Die Leute sind hierher gekommen, um sich zu amüsieren und zu entspannen! Machen Sie sofort das Licht aus!«

Ich stellte mich dumm und fragte: »Wieso? Das können sie im Hellen doch viel besser tun. Im Dunkeln ist ja nichts zu sehen.«

Man sah mich an, als käme ich von einem anderen Planeten und wüßte nicht, was hier ablief. »Verstehen Sie denn nicht, daß sich die Menschen wohler fühlen, wenn nicht alles gesehen werden kann, was sie tun?« wurde mir entgegengehalten.

So und ähnlich liefen fast alle meine Auftritte in den Lokalen ab. Ich ging dann meistens mit einem stummen

Nicken, weil ich das Anliegen der Leute verstand. Aber was im Letzten hinter dem Begehren der Menschen steht, daß sie gerne im Dunkeln bleiben möchten, begriff ich erst Jahre später. Da las ich in meiner Bibel: »Das aber ist das Gericht, daß das Licht in die Welt gekommen ist, aber die Menschen liebten die Finsternis mehr als das Licht, denn ihre Werke waren böse.« Und: »Denn jeder, der Arges tut, haßt das Licht und kommt nicht zum Licht, damit seine Werke nicht bloßgestellt werden...«

* * *

Gemäß der Allgemeinen Wehrpflicht wurde ich im Februar 1941 einberufen. Da ich Fotograf war und man einen solchen für Propagandazwecke suchte, brauchte ich mich der üblichen Grundausbildung für Rekruten nicht zu unterziehen, sondern konnte weiter mit meinem Fotoapparat arbeiten. Ich machte Aufnahmen davon, wie Neueingezogene untersucht wurden, wie sie ihre Uniform anprobierten und aßen.

Das ging aber nur einen Monat so. Dann kam die Verordnung heraus, daß ein Rekrut, der nicht die dreimonatige Grundausbildung erhalten hatte, zu keiner festen Tätigkeit herangezogen werden durfte. Mir wurde die Ausbildung bei der mechanisierten Kavallerie und den Sanitätern angeboten. Ich entschied mich für die Sanitäter und kam in den Bundesstaat Illinois. Da sich das dortige Camp noch im Ausbau befand, mußte ich zunächst beim Straßenbau mithelfen und vor allem Karren schieben. Als Unterkünfte dienten uns primitive Holzbaracken.

Als uns während der Ausbildung die Behandlung von bestimmten Schußverletzungen und der Transport von Verwundeten nahegebracht wurde, mußte ich oft an die Vergänglichkeit des Menschen denken, wie schnell das Leben doch zu Ende sein konnte. Manchmal denke ich, daß mir der Herr über Leben und Tod damals schon einen Anstoß zu der Entscheidung gab, die ich Jahre später traf, als mir die Bibelworte aufs Herz gelegt wurden:

»Es ist dem Menschen gesetzt, einmal zu sterben, danach aber das Gericht...« und das andere, für jene, die nicht ins Gericht kommen möchten: »Ich sage euch: Wer mein Wort hört und glaubt dem, der mich gesandt hat, der hat das ewige Leben und kommt nicht ins Gericht, sondern er ist vom Tod in das Leben gegangen...«

Nach der Ausbildung wurde ich der Luftwaffe zugeteilt und in das schöne Kalifornien, in die Nähe von San Francisco verlegt. Diesem Fliegerhorst mangelte es für die Neuankömmlinge an Unterkünften und wir bekamen Zelte zugewiesen. Bei dem hier herrschenden herrlichen Wetter war das aber kein Problem.

Den Dienst im Stationskrankenhaus, wo ich den Krankenschwestern bei allen Arbeiten zur Hand zu gehen hatte, tat ich so zuverlässig wie ich konnte. Meine letzte Erfüllung sah ich darin aber nicht. Mein Herz hing nach wie vor an der Fotografie.

Deshalb war ich auch in jeder freien Minute im Departement für die Werbung und Propaganda der Luftwaffe zu finden, das dem Krankenhaus direkt gegenüber lag. Hier interessierte mich vor allem die fotografische Abteilung.

Eines Tages traf ich mit einem Offizier zusammen,

der vor seiner Militärzeit im Werbedienst tätig war. Wir waren uns bei einer Reklameveranstaltung in Kansas City begegnet und freuten uns, uns nun wiederzusehen. Im Verlauf unseres Gespräches erwähnte ich, daß ich gerne wieder fotografieren würde, und er versprach: »Ich werde versuchen, daß du in unsere fotografische Abteilung versetzt wirst.«

Zu meiner großen Freude geschah dies schon nach zehn Tagen. Ich hielt nun in Bildern fest, wie Piloten auf unserem Stützpunkt trainiert wurden, und flog mit Militärmaschinen auch zu anderen Übungsplätzen, um dort Aufnahmen zu machen.

Als ich am Mittag des 7. Dezember 1941 aus der Armeemesse kam, waren meine Kollegen ziemlich aufgeregt und erzählten mir, daß die Japaner einen Bombenangriff auf Pearl Harbour geflogen hätten. Wir eilten in unsere Baracke, schalteten das Radio ein und hörten mit Bestürzung von gewaltigen Zerstörungen. Gleichzeitig wurde bekanntgegeben, daß unser Präsident, – es handelte sich um Roosevelt, – dem Königreich Japan den Krieg erklärt habe.

Für uns hatte das zur Folge, daß wir vorerst keinen Ausgang erhielten. Außerdem wurde die Zeit der Wehrpflicht, die auf ein Jahr festgelegt war, auf die Dauer des Krieges plus sechs Monate ausgedehnt. Plötzlich waren überall auf dem Gelände Aktivitäten zu verzeichnen. Das Pilotentraining wurde beschleunigt und die Absolventen sofort zu den Kampfgeschwadern im pazifischen Bereich geschickt. Einheiten, die nicht unbedingt auf dem Übungsgelände benötigt wurden, mußten sich zur sofortigen Abreise zum Kampfplatz im Pazifischen Ozean bereithalten. Auch ich rechnete damit, bald zum Einsatz zu kommen, und über dem ganzen Camp lag eine bedrückende Atmosphäre.

Da erreichte mich eine Nachricht, die mich sehr erfreute. Auf Grund einer Verfügung wurde ich nach New York zu einem neunwöchigen »Publicity Photography-Kurs« geschickt. Er fand im Auftrag der Regierung für Militärfotografen statt und wurde von Mitarbeitern des angesehenen Magazins »LIFE« durchgeführt. Der Grund dieses Unternehmens bestand darin, daß zur damaligen Zeit keine Zivilfotografen militärisches Gelände betreten und keine militärischen Aktivitäten aufnehmen durften. Diese Aufgabe war allein uns vorbehalten und der Kurs sollte dazu beitragen, die Qualität unserer Bilder zu verbessern.

Nach diesem Kurs wurde ich zum Korporal befördert und kam in die Nähe von Los Angeles, weil die Werbeabteilung der Armee, der ich angehörte, nach dort verlegt worden war. Hier wurden nun Rundfunksendungen produziert, und meine Aufgabe bestand darin, diese durch entsprechende Aufnahmen, auch der mitwirkenden Schauspieler, zu publizieren.

So verging die Zeit und im Sommer 1944 kam ein junger Soldat zu uns in die Baracke. Er hieß Robert Wesley, hielt sich von uns immer etwas fern und war für die typischen Soldatenwitze nicht zu haben. Dafür las er täglich in seiner Bibel. Ich beobachtete ihn oft dabei, vor allem wenn er auf seinem Bett saß.

Eines Tages bat er mich, eine Aufnahme von einer Gruppe zu machen, die das Leben aus einem anderen Blickwinkel betrachte, als das üblicherweise geschehe.

Sie würden davon in einem nahegelegenen Gemeindehaus erzählen. Dort würden auch Lieder gesungen und interessante Themen behandelt.

Mir war sofort klar, daß es sich um irgendeine Religion handeln mußte, und ich sagte ihm höflich, daß ich Jude sei und einen solchen Gottesdienst nicht besuchen würde. Er war enttäuscht, zeigte sich aber weiterhin freundlich und wiederholte die Einladung in der Folgezeit.

Ende Juli 1944 erzählte er mir, daß sein Team am nächsten Sonntag, nach dem Gottesdienst, von einer freundlichen Familie zu einem guten Mittagessen eingeladen sei. Gleichzeitig bat er mich, doch dieses Mal mitzukommen und die bereits erbetene Aufnahme zu machen. Da mir das Mittagessen außerhalb der Kaserne als eine angenehme Abwechslung erschien und ich der Gruppe auch einen Gefallen tun wollte, nahm ich jetzt die Einladung zum Gottesdienst an.

Wie vereinbart, wurden Robert und ich am Sonntagmorgen von einem Gruppenmitglied abgeholt. Er brachte uns mit seinem Wagen in einen Nachbarort zum Gemeindehaus. Hier versammelte sich das Team vor dem Eingang und ich dachte, daß sie etwas zu besprechen hätten. Aber ich wurde etwas verlegen, als sie zu beten begannen. Schnell trat ich einige Schritte zurück, weil ich sie nicht stören wollte. Aber ich wunderte mich sehr, daß sie einfach so im Freien beteten und dazu noch ohne Gebetbuch. Wahrscheinlich haben sie ihre Gebete auswendig gelernt, dachte ich.

Danach gingen sie in den Gemeindesaal, und Robert nahm mich in die vorderste Bankreihe mit. Das Haus füllte sich schnell bis auf den letzten Platz.

Als der Gottesdienst begann, bat mich Robert, jeden, der an das Pult trat und etwas sagte, zu fotografieren. Bevor das geschah, sang die Gruppe ein fröhliches Lied. Ich war erstaunt, daß so etwas in einem Gott geweihten Haus geschehen konnte. In unserer Synagoge wäre das unmöglich gewesen. Dann sang auch die versammelte Gemeinde, und in ihren Liedern war von Friede, Freude, Liebe und Dankbarkeit die Rede. Immer wieder tauchten auch die Worte Herr oder Heiland und Erlöser auf. Selbst der Name Jesus war zu hören, mit dem wir Juden die größten Probleme haben, besonders deshalb, weil er sich mit Gott gleichstellte und von sich sagte: »Ich und der Vater sind Eins.«

Schließlich erhoben sich die Gruppenmitglieder nacheinander, gingen zum Pult und erzählten in einfachen Worten, was Jesus für sie getan hatte. Keiner rühmte sich selbst, alle sprachen davon, daß in ihnen nichts Gutes sei und sie Sünder wären.

Sie zitierten Bibelverse wie: »Alle haben gesündigt und erlangen nicht die Herrlichkeit Gottes.« oder: »Da ist keiner, der gerecht ist, auch nicht einer.«

Ein Mädchen erklärte, in der Bibel stehe, daß der Mensch auf das sehe, was vor Augen sei, der Herr schaue aber das Herz an. Das sei trügerisch und könne nur von Gott heil gemacht werden. Weiter wußte das Mädchen zu berichten, daß der Herr das Herz und die Nieren erforsche, um einem jeden nach seinen Wegen und nach der Frucht seiner Taten zu geben.

Ich wußte, daß diese Worte der Wahrheit entsprachen, aber ich wollte es nicht zugeben.

Nach dem Mädchen kam ein Junge an das Pult und

sprach davon, daß der Schöpfer um die hilflose Situation des gefallenen Menschen wußte und aus einer grenzenlosen Liebe heraus seinen Sohn als Erlöser sandte.

Ich fand alles so interessant, daß ich darauf vergaß, weshalb ich gekommen war, und der Leiter der Gruppe mußte mich zwischendurch an das Fotografieren erinnern. Als er selbst an das Pult trat, sprach er über das Wort Jesu: »Ich bin der Weg, die Wahrheit und das Leben; niemand kommt zum Vater denn durch mich.« In seinen Ausführungen verwies er darauf, daß jeder eine ganz persönliche Verbindung zu Jesus haben müsse, um erlöst zu sein, weil in Gottes Wort unmißverständlich festgehalten werde: »...so viele ihn aber aufnahmen, denen gab er das Recht, Gottes Kinder zu werden, denen, die an seinen Namen glauben.«

Zum Schluß des Gottesdienstes wurde dazu eingeladen, Jesus als den Erlöser persönlich anzunehmen. »Wer dazu bereit ist«, sagte der Prediger, »soll das durch Erheben der rechten Hand anzeigen.«

Da begann ein großer Kampf in meinem Herzen. Ich schaute mich unauffällig um und sah einige erhobene Hände. So einfach war das also, ewiges Leben zu bekommen! Ich hätte es auch gerne gehabt und die Hand erhoben, wenn ich nur nicht Jude gewesen wäre. Es tat mir leid, daß ich als solcher geboren wurde. Gleichzeitig machte es mir Angst, daß ich die Hand unten ließ. Ich wußte, daß ich vor Gott als großer Sünder galt und ohne Jesus niemals in seine Gegenwart kommen konnte...

Als wir zum Mittagessen gingen, war ich sehr betrübt. Ich fühlte mich wie einer, der den größten Gewinn angeboten bekam, ihn aber bewußt abgelehnt hatte. Ich ärgerte mich jetzt, daß ich zu der Versammlung mitgegangen war, und sagte mir: »Wenn du in der Kaserne geblieben wärst, hättest du das alles nicht gehört und hättest somit auch diese Probleme nicht.« Ich fühlte mich nicht mehr frei und konnte nicht mehr so froh sein wie vorher.

An diesem Abend lag ich lange wach im Bett. Ich versuchte mir einzureden, daß ich ja nur als Fotograf zu der Versammlung gegangen sei, nicht zu dieser Kirche gehöre und die Verkündigung mich folglich gar nichts angehe. Weiter fragte ich mich, weshalb unser Rabbiner nie darüber gesprochen hat – wenn das wirklich wahr sein sollte, was ich da gehört hatte. Auch Vater, der sich in diesen Dingen besser auskennt als ich, hätte davon erzählen müssen. Aber das war nicht geschehen, und ich folgerte daraus, daß es für uns Juden einen besonderen Weg geben müsse.

Trotzdem kam ich nicht über das Wort hinweg: »Es ist in keinem anderen Heil, ist auch kein anderer Name den Menschen unter dem Himmel gegeben, in dem sie sollen selig werden, als der Name Jesu.«

* * *

Nachdem ich mich eine Woche lang gequält und in den Nächten nur wenig Schlaf gefunden hatte, entschloß ich mich, am nächsten Wochenende nochmals mit der Gruppe einen Gottesdienst zu besuchen, hauptsächlich deshalb, weil ich mit dem Leiter des Teams reden wollte.

An diesem Sonntag sprach er wieder über die Notwendigkeit der Umkehr und von dem Heil, das in dem Herrn Jesus Christus liegt.

Für mich stand fest, daß ich umkehren und das Heil haben wollte, dachte aber, daß ich es auch ohne den Herrn Jesus erlangen könnte – und ohne mich mit dem Christentum zu verbinden.

Deshalb sagte ich in dem sich anschließenden Gespräch zu Herrn Morken, dem Leiter des Teams, daß mir seine Ausführungen einleuchteten, ging dann aber zu wachsweichen Formulierungen über und versuchte ihm zu erklären, daß ich auf eine andere Weise zu Jesus gehören möchte als er. Was dann weiter folgte, waren nur Ausflüchte.

Natürlich konnte ich Herrn Morken nichts vormachen. Er wußte längst, worauf ich hinauswollte, und fragte geradeheraus: »Du möchtest also den Herrn Jesus in dein Herz aufnehmen?«

Wieder versuchte ich, mich nicht festlegen zu lassen. Ich erzählte, daß ich wirklich kein ganz böser Mensch sei, niemand bewußt etwas zu Leide getan hätte, daß ich auch versuchen würde, auf diesem Weg weiterzugehen.

»Das nehme ich dir ab«, meinte Herr Morken ganz ruhig. »Aber schau mal, ich bin nicht Gott, dein Richter, der, wie die Bibel sagt, das Herz erforscht. Also mir kannst du das alles erzählen. Aber wie du mit Ihm zurechtkommen willst, das sagst du Ihm am besten selbst. Setzt dich ruhig mit Ihm auseinander, und erzähl Ihm, wie gut du bist.«

Ich war damals noch sehr stolz und meinte, mir so etwas nicht sagen lassen zu müssen. Ruckartig drehte ich um und ging hinaus in den Park, der sich an das Gemeindehaus anschloß. In ihm wanderte ich hin und her, während meine Gedanken fieberhaft arbeiteten. Plötzlich blieb ich stehen und versuchte, Gott mein Anliegen zu erklären. Ich hob meinen Blick etwas nach oben und sagte: »Du, Gott im Himmel, mein Name ist Wilhelm Baum, ich...«

Weiter kam ich nicht. Mir war klar, daß ich ihm, dem Schöpfer Himmels und der Erde, nichts vormachen konnte. Allem Anschein nach wußte auch Herr Morken, wie es in Wirklichkeit um mich stand. Also, weshalb sollte ich noch weiter reden! Mir selbst brauchte ich nichts zu erzählen, das hatte keinen Zweck. Ich stand wie angewurzelt und kam mir nackt vor. Ich war mir sicher, daß Gott alles von mir und über mich wußte. Meine Situation entsprach dem Bibelwort: »Du sagst, ich bin reich und habe gar satt und begehre nichts und weißt nicht, daß du bist elend und jämmerlich, arm, blind und bloß.«

In diesem Augenblick legte ich meine Menschenscheu ab. Mir war plötzlich gleichgültig, was die Leute über mich denken und sagen würden. Sollten meine Eltern, sowie die jüdischen Verwandten und Bekannten ruhig verächtlich tönen, daß ich den Gott der Heiden angenommen habe. Ich wußte ganz sicher, daß er der einzige ist, der meine Sünden durch seinen Tod am Kreuz von Golgatha getilgt hatte.

Langsam senkte ich den Kopf und sagte: »Herr Jesus, ich nehme dich an!«

Das war, ich weiß es noch sehr genau, gegen 15 Uhr am 26. August 1944 und ich war damals neunundzwanzig Jahre alt. Eine unbeschreibliche Erleichterung kam über mich. Ich hatte die tiefe Gewißheit, daß ich jetzt auf ewig dem Herrn Jesus gehörte. Das löste die größte Freude aus, die ich bis dahin erfahren hatte.

Ich eilte zum Gemeindehaus zurück, wo noch einige aus der Gruppe um Herrn Morken standen und mit ihm sprachen.

»Jetzt ist alles in Ordnung mit mir!« sagte ich geradeheraus.

Herr Morken erkundigte sich, ob ich damit meine, daß ich mein Leben nun wirklich dem Herrn Jesus übergeben habe. Ich bejahte und wurde von den Gruppenmitgliedern freudig umarmt. Anschließend dankten wir dem Herrn für sein großes Erbarmen.

Danach schlug Herr Morken vor, daß ich am folgenden Sonntag vor der Gemeinde von meiner Entscheidung Zeugnis geben sollte.

Damit hatte ich nicht gerechnet und trat einen Schritt zurück. »Nur mal langsam! Muß ich das denn tun?« hörte ich mich sagen.

»Von einem Muß kann keine Rede sein«, erklärte er. »Ich dachte nur, du meintest es so, wie du es eben sagtest. Und in Gottes Wort steht: wer mit seinem Mund Jesus Christus als Herrn bekennt und in seinem Herzen glaubt, daß Gott ihn aus den Toten auferweckt hat, der wird errettet. Mit dem Herzen wird geglaubt zur Gerechtigkeit, mit dem Mund wird bekannt zum Heil.«

Während ich schweigend darüber nachdachte, fügte Herr Morken hinzu: »Der Herr Jesus sagt uns: Wer mich bekennt vor den Menschen, den werde ich auch bekennen vor meinem Vater im Himmel, wer mich aber vor den Menschen verleugnet, den werde ich auch verleugnen vor meinem Vater im Himmel.«

Ich schwieg betroffen und fragte mich: »Hast du das mit der Bekehrung nun wirklich ernst gemeint oder war es nur eine oberflächliche, religiöse Wallung?« Die Antwort darauf war ganz klar: Nein! Ich war mir sicher, daß in meinem Leben die größte und entscheidendste Wende stattgefunden hatte, und sagte Herrn Morken zu.

Ohne schon das Bibelwort zu kennen: »Ist jemand in Christus, so ist er eine neue Schöpfung; das Alte ist vergangen, siehe, es ist alles neu geworden.« stellte ich mich nach meiner Rückkehr in die Kaserne im Waschraum vor den Spiegel und betrachtete mich. Ich wollte sehen, ob ich mich verändert hatte. Was ich in den letzten Stunden erlebte, war so gravierend, daß ich meinte, es müßte auch eine äußere Veränderung nach sich gezogen haben.

* * *

Als ich am nächsten Sonntag vor der Gemeinde stand und Zeugnis gab, erschien mir das wie ein Wunder. Ich konnte kaum glauben, daß mit mir eine solche Veränderung vorgegangen war. War ich das tatsächlich, der da vor vielen Menschen frei über seinen Glauben reden konnte?...

Wieder in der Kaserne, setzte ich mich hin und schrieb nach Hause. Mir fehlten die Worte, um meiner jüdischen Familie von meiner Bekehrung und der damit verbunden Veränderung zu berichten. Schließlich brachte ich aber doch einige Zeilen zu Papier. Einzelheiten, so nahm ich mir vor, wirst du ihnen beim nächsten Urlaub erklären, mündlich geht das wohl besser.

Mutter schrieb sofort zurück. Sie wollte wissen, wie ich meine Religion so einfach wechseln konnte. Ihrer Ansicht nach konnte man die nicht ablegen, wie das eine Frau mit ihrem Kleid tat. Sie meinte, ich sei immer ein guter Jude gewesen und hätte keinen Anlaß, die Religion zu wechseln.

Mein größtes Problem bestand nun darin, wie ich den Eltern und Geschwistern mein neues Leben verständlich machen konnte...

* * *

An jedem dienstfreien Wochenende war ich nun mit dem Team zusammen. Wir setzten uns nicht nur in unserer Gemeinde missionarisch ein, sondern wurden auch von anderen eingeladen, um in ihnen Zeugnis für den Herrn abzulegen.

Natürlich sprach ich auch in der Kaserne von Jesus und wurde von meinen Freunden unter den Soldaten, bald »Rabbi« genannt. In ihren Augen war ich jetzt ein Jude, der religiös wurde.

* * *

Wenig später kam ich mit anderen deutschsprechenden Soldaten nach London. Unsere Aufgabe bestand darin, erbeutete Flugzeugkonstruktionspläne vom Deutschen ins Englische zu übersetzen.

Zu meiner Freude fanden sich hier die an Jesus Christus gläubigen Army-Angehörigen schon bald zusammen und gründeten Bibelklassen. Außerdem entstand das »United Nations Gospel Witness Team« – eine Vereinigung gläubiger Soldaten aus allen Nationen, die sich gegen Deutschland im Kampf befanden. Dieses Team ging, wie unsere Gruppe in Amerika, jedes Wochenende los, um die Frohe Botschaft von der Erlösung durch den Herrn Jesus Christus zu verkündigen.

Meine geheime Sehnsucht, Deutschland einmal wieder zu sehen, ging erst nach der Kapitulation des Hitler-Regimes in Erfüllung, und zwar auf eine ungewöhnliche Weise.

Im Mai 1945 erhielt ich nämlich den ehrenvollen Auftrag, den in England in Haft gehaltenen Konstrukteur der Messerschmitt 163, Dr. Alexander Lippisch, und seine beiden Mitarbeiter, in die amerikanische Besatzungszone zu bringen. Die »Me 163« war der damals schnellste Düsenjäger Deutschlands.

Doch wie entsetzt war ich, als ich meine »Heimat«, die ich vor elf Jahren verließ, wiedersah. Die einst so schönen Städte, waren ein einziger Trümmerhaufen und mir tat das Herz weh.

Ich trug zwar die Uniform der Sieger, aber merkte in diesem Augenblick, daß ich mich mehr als Deutscher fühlte, zu dem Volk zählte, das über Jahre so viel gelitten hatte. Damals war es auch, als ich auf den Trümmern meines Elternhauses in Dortmund saß und weinte.

Dann machte ich mich auf die Suche nach meinen Freunden und Bekannten, und konnte zu meinem Leidwesen keinen einzigen mehr finden.

* * *

Mit dem 9. Februar 1946 kam für mich die langersehnte Entlassung aus der Army.

Nun, wo ich wieder mit meiner Familie zusammen war, ging es darum, ihr meinen Übertritt zum Christentum verständlich zu machen.

In den ersten Tagen nach meiner Rückkehr sprachen wir jedoch nicht darüber. Da überwog die Freude, daß wir wieder alle und wohlbehalten zusammen sein konnten. Besonders froh waren wir, daß auch mein Bruder, der in deutsche Gefangenschaft geraten war, wieder in unserer Runde weilte.

Aber Tage später, wir saßen am Mittagstisch, sagte mein Vater unvermittelt: »Was ist das für eine blöde Idee von dir! Wir hörten, du hättest dich taufen lassen!«

Ich versuchte, ihm diesen Schritt zu erklären, erzählte, daß ich meine Lebensschuld erkannt und vor Gott bekannt hatte, somit durch den von Gott gesandten Erlöser Vergebung der Sünde erfahren hätte und folglich dem Gott unserer Väter nahe gekommen sei.

Natürlich fand ich weder bei ihm noch einem anderen Familienmitglied Verständnis.

* * *

Schon bald schloß ich mich einer »Bibel-Gemeinde« an, die ähnlich aufgebaut war wie die Brüdergemeinden in Deutschland. Der Pastor dieser Gemeinde riet mir, einen sechswöchigen Sommerkurs an einer kleinen Bibelschule zu belegen, die er selbst leitete. Dabei sollte ich mich vor Gott prüfen, ob ich dann weitermachen wollte oder nicht.

Ich ging auf den Rat des Pastors ein und wußte, daß dies für meine Familie, vor allem für meinen Vater, ein

Schock sein werde. Er hatte mir nämlich empfohlen, meine »verrückte Idee« aufzugeben und zusammen mit ihm ein Geschäft zu gründen. Er hatte sogar schon Briefumschläge mit unser beider Namen darauf drucken lassen.

Als ich nun darüber informierte, daß ich vollzeitlich in den Dienst des Herrn gehen gedachte, fiel er, wie erwartet, aus allen Wolken. Mit vor Wut hochrotem Gesicht schrie er: »Bist du denn ganz von Gott verlassen? – Was fällt dir ein, mir mit einem so idiotischen Plan zu kommen?«

Ich ging sofort hinaus, weil ich nicht wollte, daß er sich noch weiter aufregte. Von da an war er sehr blaß und sprach kaum noch mit mir. Auch das Verhältnis zu meiner Mutter und meinen Geschwistern kühlte erheblich ab. Aber nach einer gewissen Zeit fanden wir zu einem normalen Umgang zurück. Leider war das bei meinem Vater nicht so, zu ihm blieb die Spannung bestehen.

Um so mehr war ich verwundert, daß er mich, als ich eines Abends von einer Gebetsstunde nach Hause kam, ansprach und mir seinen Plan zur Herstellung eines Spezialschrankes erläuterte. Schließlich bat er mich, den Schrank zu bauen und trug mir auf, welche Winkeleisen, Schrauben, Federringe undsoweiter ich am nächsten Tag besorgen sollte.

Fast hätte ich lauthals gelacht, denn die beschriebenen Teile mochte man zum Bau einer Garage benötigen, aber nicht zu einem Schrank aus dünnem Holz.

Ich versuchte Vater klarzumachen, daß die schweren Eisenteile für einen Schrank nicht taugten.

Mein Bemühen war jedoch vergeblich. Er fragte

schließlich: »Willst du deinem alten Vater nun den Gefallen tun und den Schrank so bauen, wir er es haben möchte oder nicht?«

In diesem Moment gab mir der Herr die Kraft, nachzugeben. Ich wollte Vater zeigen, daß ich ihn trotz allem noch liebte und sagte ruhig: »Gut, ich werde alles so machen, wie du es haben willst. Morgen früh besorge ich die Teile.«

Einen Augenblick lang sah er mich erstaunt an. Er schien nicht zu begreifen, woher mein plötzliches Einlenken kam. Dann sagte er entschlossen: »Ich will nicht, daß du das tust! Du brauchst auch nicht mehr mit mir zu reden. Ich denke, es ist am besten, wenn jetzt jeder von uns seine eigenen Wege geht!«

»Wieso denn, Vater?« fragte ich überrascht. »Ich habe mich doch eben bereiterklärt, alles so zu machen, wie du es wünschst.«

»Nein, ich will nicht mehr, daß du mir noch hilfst!« kam es hart zurück. »Ich weiß nämlich, daß du dich nicht wegen mir so entschieden hast, sondern wegen deines Glaubens. Du tust es mehr diesem Jesus, als wegen mir. Mach deshalb weiter so, geh du deinen Weg und ich geh den meinen.«

Von da an sprach Vater kein Wort mehr mit mir. Mich drängte es aber, ihm den Glauben an den Messias Jesus Christus zu erläutern. Nach einigem Überlegen kam mir ein Gedanke, wie ich das, trotz allem, noch bewerkstelligen könnte. Ich ging in die Bibliothek und schrieb ihm in aller Ruhe einen langen Brief. Darin zitierte ich Verse aus dem Alten Testament, die Prophezeiungen auf den Messias waren, und stellte ihnen Auszüge aus dem Neuen Testament gegenüber, die zeigten, daß die Prophezeiungen im Herrn Jesus in Erfüllung gegangen waren.

Ob er den Brief gelesen hat, weiß ich nicht. Jedenfalls war von diesem Zeitpunkt an eine große Ruhe in meinem Herzen. Ich hatte getan, was ich konnte, um ihm die Wahrheit der Bibel nahezubringen. Er hatte keinen Anlaß mehr, mich in der Ewigkeit einmal zu verklagen, daß ich ihm das Entscheidende nicht gesagt hätte. Wenige Jahre später, am 12. Juni 1952, verstarb er.

* * *

Ich ging, wie mir der Pastor geraten hatte, zur Bibelschule und zog sie voll durch. Im Juni 1950 schloß ich sie ab und zog während der zwei Monate dauernden Sommerferien mit einem Bruder, der die Schule noch nicht abgeschlossen hatte, missionierend und evangelisierend durch mehrere amerikanische Staaten.

An den Dienst in einem ärmlichen, abgelegenen Dorf im Staate Pennsylvania erinnere ich mich noch besonders gut. Als wir uns am Abend zur Ruhe begeben wollten, führte uns der Bruder, der uns eingeladen hatte, zu einer kleinen Holzhütte. Ihre Beleuchtung bestand aus einer Öllampe. Unseren Wasserbedarf sollten wir aus dem nahen Bach decken.

»Wenn euch noch etwas fehlt, scheut euch nicht, es mir zu sagen«, erklärte der Bruder, als er sich für die Nacht von uns verabschiedete. »Ich werde mich bemühen, euch zu zeigen, wie ihr ohne das auskommen könnt.«

* * *

Nach den Sommerferien ging der Bruder wieder zur Bibelschule, und ich zog als freier Evangelist allein weiter. Das tat ich dann fast zwei Jahre lang.

Immer, wenn ich in die Nähe meines Heimatortes kam, machte ich einen Abstecher zu meiner Familie. Meine Mutter und die Geschwister freuten sich jedesmal, mich wieder zu sehen. Auch Vater begegnete mir im Verlauf der Zeit wieder etwas freundlicher. Die Tatsache, daß ich so ohne weiteres unterwegs sein konnte und mein Auskommen hatte, ließ sie fast bei jedem Besuch erstaunen. Diese Gelegenheiten nutzte ich jedesmal zu einem Zeugnis für den Herrn Jesus. »Er macht die Menschenherzen willig, daß sie mir alles geben, was ich zum Leben brauche«, sagte ich.

* * *

Die Aufforderung des Herrn Jesus an seine Jünger, Menschenfischer zu werden, machte auf mich einen starken Eindruck. Ein Menschenfischer wollte ich auch sein und überlegte mir, was ein Fischer tat, um reiche Beute zu haben. Ich fand heraus, daß er Dinge an seine Angel hängte, die zu allererst die Aufmerksamkeit der Fische erregten. So wollte ich es im Blick auf die Menschen auch machen und ließ meine Phantasie walten...

Bei der Bibellese stieß ich auf Jesaja 8,1-3, wo der Prophet durch die Namensgebung seines Sohnes das Volk Israel auf seine Zerstörung durch den Assyrischen König aufmerksam machen sollte.

Seinen Sohn, so heißt es bei Jesaja, sollte er deshalb »Schneller Raub« nennen. Ich erinnerte mich, daß dieser

Name auf hebräisch »MAHER SCHALAL CHASCH BAS« hieß und dachte, das sei auch eine gute Bezeichnung für mein altes, verrostetes Auto, das wohl bald vernichtet werde.

Also ließ ich mir ein Schild malen, das etwa dreimal so groß wie das amtliche Kennzeichen war, und befestigte es auf der Motorhaube. Überall, wohin ich nun kam, wurde ich daraufhin angesprochen und konnte den Leuten verkündigen, daß alle Menschen, wie mein altes Auto, einmal dahingehen würden. Das Sicherste im Leben sei nämlich der Tod.

»Danach werden jene, die Jesus Christus als ihren Erlöser angenommen haben, auf wunderbare Weise ewiges Leben erhalten, die anderen nicht«, sagte ich.

Weiter hatte ich mir zur Angewohnheit gemacht, Anhalter mitzunehmen. Waren sie in meinen Wagen gestiegen, sagte ich, bevor ich weiterfuhr: »Ich muß Sie darauf aufmerksam machen, daß Sie sich auf eine gefährliche Sache eingelassen haben.«

Sofort sahen mich die Leute ängstlich fragend an. Ich verwies sie auf das kleine Buch, das ich am Armaturenbrett angebracht und beim 1.Thessalonicher Brief aufgeschlagen hatte, und bat sie, die rot angestrichenen Zeilen zu lesen.

Sie taten es und lasen: »Denn der Herr selbst wird mit befehlendem Wort, mit der Stimme des Erzengels und mit der Posaune Gottes herniederkommen vom Himmel, und die Toten in Christus werden auferstehen zuerst. Danach wir, die wir leben und übrigbleiben, zugleich mit ihnen hingerückt werden in den Wolken, dem Herrn entgegen in die Luft, und werden bei dem Herrn sein allezeit.«

Meistens kam dann die Frage, was das praktisch zu bedeuten habe, worauf ich erklärte, daß ich einer von den noch lebenden sei, die an den Herrn Jesus glauben. Wenn der nun während unserer Fahrt wiederkommen sollte, würde ich ihm entgegengerückt, und er, mein lieber Mitfahrer, befände sich allein im Auto und somit in einer gefährlichen Situation. Er könne ja auf die Gegenfahrbahn geraten und mit einem anderen Wagen zusammenstoßen. Das sicherste sei deshalb für ihn, seine Sünden zu bekennen und den Herrn Jesus anzunehmen, dann werde er mit mir entrückt und sei der gefährlichen Situation enthoben. – So weit ich mich heute noch erinnere, hat sich auf diese Weise zumindest ein Mitfahrer bekehrt.

* * *

Im Sommer 1951 nahm ich an einer fünftägigen Missionskonferenz teil. Dabei traf ich wieder einmal mit Herrn Morken zusammen, den ich seit langem nicht mehr gesehen und unter dessen Predigt ich zum Glauben gefunden hatte. Er erzählte, daß er inzwischen als Missionar in Japan gedient habe und erkundigte sich nach meiner Tätigkeit. Ich berichtete ausführlich von meinem Reisedienst, worauf er fragte, ob ich mir vorstellen könnte, auch als Missionar nach Japan zu gehen.

Das war zweifellos eine Herausforderung an mich. Aber Japan war so weit weg und das Erlernen der Zeichensprache erschien mir, dem damals sechsunddreißigjährigen, zu schwer, wo ich doch schon beim Studium des Englischen ziemliche Schwierigkeiten hatte.

Ohne auf meine Einwände einzugehen, bat er mich über seine Anregung nachzudenken und vor allem darüber zu beten.

Als wir uns am folgenden Tag begegneten, mußte ich ihm gestehen, daß ich seiner Bitte nicht nachgekommen war. Für mich stand auch fest, daß ich ihr nicht nachkommen wollte, weil ich befürchtete, der Herr könnte mir tatsächlich aufs Herz legen, nach Japan zu gehen.

»Wie meinst du eigentlich den Plan des Herrn für dich zu erfahren, wenn du Jesus nicht die Möglichkeit gibst, ihn dir zu offenbaren?« wies mich Herr Morken zurecht.

Ich wußte, daß er mich am nächsten Tag wieder fragen würde, und entschloß mich dazu, dem Herrn Jesus offen zu sagen, wie mir ums Herze war.

Allerdings betete ich nicht ganz im Sinn von Herrn Morken. Ich sagte nämlich: »Herr Jesus, ich bin auf den Missionsdienst angesprochen worden. Wenn es auch Dein Wille ist, daß ich in die Mission gehen soll, bin ich dazu bereit, hier in Amerika zu missionieren. Hier beherrsche ich doch die Sprache und mir sind auch die Sitten bekannt. Hier kann ich Dir sofort zeigen, was ich für Dich tun kann.«

Wie erwartet, fragte mich Bruder Morken am folgenden Tag, und ich erzählte ihm ohne Beschönigung, wie ich gebetet hatte. Um ihm zu zeigen, daß ich bereit war, auch ins Ausland zu gehen, versicherte ich: »Ich gehe auch nach Deutschland, wenn es der Herr will.«

Ich sah dem Bruder an, daß er enttäuscht war und um meine Unaufrichtigkeit wußte. »Könntest du dir vorstellen«, kam es ihm bedächtig über die Lippen, »daß dir der Herr jetzt sagen könnte: So, in Amerika und Deutschland, wo dir alles bekannt ist, willst du Mir zeigen, was du für Mich tun kannst! Ich möchte dich aber in Japan haben, wo du nichts kennst und allein auf meine Gnade und Kraft angewiesen bist. Da möchte Ich dir zeigen, was Ich für dich tun kann!«

Das erinnerte mich an das Wort bei dem Propheten Jesaja im 48. Kapitel, Vers 11: »Um meinetwillen, ja, um meinetwillen will ich's tun, daß ich nicht gelästert werde: denn ich will meine Ehre keinem andern lassen.«

Am folgenden Tag betete ich: »Herr, ich darf Dich nicht mehr so nennen, wenn ich nicht bereit bin, Deinen Willen zu tun. Das soll jetzt anders werden. Wenn Du willst, daß ich nach Japan gehen soll, dann will ich es tun, auch wenn ich große Bedenken habe. Aber ich weiß, Du hast die Übersicht und bist größer als meine Bedenken. Es geht um Deine Ehre, sie steht auf dem Spiel, deshalb wirst Du mich nicht untergehen lassen.«

Da erkannte ich, daß menschliches Wollen in keiner Weise mit dem Willen Gottes übereinstimmt, auch wenn es in noch so frommen Worten dargeboten wird. Wir werden vor Abwegen nur dann bewahrt, wenn wir uns nicht auf unser frommes Wollen verlassen, sondern auf Gottes Wort, die Bibel!

Noch bevor mich Bruder Morken am nächsten Morgen ansprach, sagte ich ihm, daß ich bereit sei, nach Japan zu gehen. Er freute sich sehr darüber und wollte gleich an den Leiter der Mission schreiben, in deren Dienst er stand. Das ging mir wieder zu schnell, wie damals, als ich mich bekehrt hatte und vor der Gemeinde Zeugnis geben sollte.

Aber in der Zwischenzeit hatte ich dazugelernt und wußte, daß ein Fahrzeug nur dann gelenkt werden konnte, wenn es in Bewegung kam. Ebenso war es auch im Glaubensleben. Hatte nicht der Herr Jesus seinen Jüngern gesagt: »Kommt, folgt mir nach und ich will euch zu Menschenfischern machen?«

Wenn sie Ihm da nicht gefolgt wären, wären sie nie zu Menschenfischern geworden! Also gab ich mich mit dem Vorgehen von Bruder Morken zufrieden und vertraute darauf, daß, wenn mich der Herr nicht in Japan haben wollte, von der Missionsgesellschaft eine Ablehnung kommen würde.

Aber schon nach wenigen Tagen wurde ich von der Mission zu einem Vorstellungsgespräch eingeladen. Gespannt und freudig zugleich trat ich die Reise nach Minneapolis, dem Sitz der Missionsgesellschaft, an.

Als ich im Büro den Geschwistern gegenübersaß, ließ ich sie sofort wissen, daß ich schon sechsunddreißig Jahre alt sei, – also zehn Jahre älter als die meisten Bewerber –, und mit dem Erlernen der englischen Sprache große Schwierigkeiten gehabt hätte. Folglich sei zu befürchten, daß ich mit der japanischen Sprache überhaupt nicht zurecht kommen werde.

Ich wollte dem Herrn gehorsam sein, erzählte das aber, – so dumm es auch klingen mag –, um Ihm ein paar Hindernisse in den Weg zu stellen. »Wenn die nichts nutzen«, dachte ich mir, »kannst du dir der Führung ganz sicher sein.«

Mir wurde ein Fragebogen ausgehändigt, auf dem neben anderem drei Lehrer der Bibelschule anzugeben waren, bei denen Auskünfte über mich eingeholt werden sollten. Ich suchte jene Lehrer aus, bei denen ich schlechte Noten geschrieben hatte, in der Hoffnung, sie würden mich als faul beurteilen.

Aber der Herr führte es so, daß all diese Dinge, entgegen meinen Erwartungen, nicht als Hindernisse erschienen. – Einige Wochen später wurde ich erneut zur Mission gebeten. Diesmal erhielt ich eine Menge Fragebogen. Auf ihnen waren Bibelstellen verzeichnet, aus denen ich jene heraussuchen und erläutern sollte, die in einer besonderen Beziehung zu meinem Leben standen.

Da ich an diesem Tag noch weitere Termine wahrzunehmen hatte, bat ich darum, die Fragebogen mitnehmen zu dürfen und dachte, sie zwischenzeitlich zu beantworten. Es blieb aber bei dem Vorhaben.

Wochen später erhielt ich dann von der Missionsgesellschaft einen Brief, in dem ich an die Unterlagen erinnert und gefragt wurde, ob es wirklich meine Absicht gewesen sei, dem Herrn zu folgen oder ob ich mich in der Zwischenzeit dazu entschlossen habe, seine Führung nicht mehr zu begehren.

Das traf mich, und ich setzte mich sofort hin, um die Bogen auszuarbeiten. Dabei machte ich die Erfahrung, daß mir die Ausarbeitung großen Gewinn brachte.

Kurz nachdem ich die Formulare abgesandt hatte, erhielt ich einen Vorstellungstermin beim Direktorium der Gesellschaft.

Die Brüder erkundigten sich über meinen Weg zu dem Herrn und teilten mir nach einer Beratung mit, daß ich als Missionskandidat angenommen sei.

Des weiteren wurden mir noch die zu erfüllenden Bedingungen mitgeteilt. So sollte ich Gemeinden finden, die sich bereit erklärten, fünf Jahre lang monatlich einen festen Betrag für mich zu spenden. Die Brüder legten großen Wert darauf, daß ich die Gemeinden nicht anbettelte. Ich sollte in ihnen das Wort Gottes verkündigen und nur zum Abschluß die Mitteilung machen, daß ich in Kürze zum Dienst am Evangelium nach Japan gehen werde. Dabei, so wurde mir erlaubt, dürfe sagen, daß mir ein monatlicher Unterhalt von 150,- Dollar versprochen wurde. Alles andere sollte ich dem Herrn überlassen.

Das geschah am 15. Dezember 1951. Mein Leben hatte jetzt ein klares Ziel. Ich suchte die Gemeinden auf, die ich während meiner freien Evangelisationstätigkeit kennengelernt hatte, predigte, erzählte von der Führung des Herrn und meinem neuen Auftrag.

Ich war überrascht und dankbar, wie schnell das erforderliche Geld zusammenkam. Schon wenige Wochen nach Beginn meiner Reisetätigkeit, erhielt ich von der Missionsgesellschaft die Mitteilung, daß die erforderliche Summe bereits überschritten sei.

Als meine Familie davon erfuhr, zeigte sie sich verwundert. Ich hatte den Eindruck, daß sie zumindest ahnte, daß hier Gott seine Hand im Spiel haben mußte. Ihr Vertrauen zu Ihm wurde dadurch aber nicht gestärkt. Sie blieb in ihren Vorbehalten. Vor allen sorgte sich Mutter um mich. Ihr ging nicht ein, daß ich so lange und so weit weg wollte.

Während meiner letzten Vorbereitungen zur Ausreise verstarb Vater, der schon seit längerem mit Magenkrebs zu Hause im Bett lag und von Mutter aufopfernd gepflegt wurde. Obwohl ich der älteste Sohn war und mir nach jüdischer Tradition die Regelung der Beerdigung zustand, übernahm sie mein jüngerer Bruder, da man es nicht für angebracht hielt, daß ein Christ etwas mit einer jüdischen Beerdigung zu tun hatte. Von den Freunden und Bekannten, die zur Beileidsbekundung kamen, wurde ich so gut wie nicht beachtet.

Deshalb sah ich der Beerdigung mit einiger Besorgnis entgegen. Aber der Rabbiner machte zwischen mir und meinem Bruder keinen Unterschied. Der Sitte entsprechend, heftete er uns beiden ein kleines schwarzes Seidenband an den Jackenaufschlag, das er einriß. Dieser Brauch geht möglicherweise auf den Erzvater Jakob zurück, der seine Kleider zerriß, als ihm die Nachricht vom angeblichen Tod seines Sohnes Joseph überbracht wurde.

* * *

Schon bald nach der Beerdigung machte ich mich auf den Weg nach Kalifornien, von wo aus ich mit einem Frachtdampfer nach Japan reisen sollte. Meine Mutter begleitete mich bis Los Angeles. Von hier aus fuhr ich allein weiter, und sie besuchte Verwandte.

Am 13. Oktober 1952 trat ich, mit vier weiteren Missionaren unserer Gesellschaft, von San Francisco aus die Überfahrt nach Japan an. Nach dreiundzwanzig Tagen machten wir im Hafen von Jokohama fest und wurden von älteren Missionaren in Empfang genommen. Unser Missionsheim war wie ein japanisches Haus gebaut und wir mußten, als wir es betraten, die Schuhe ausziehen. Das gehörte schon zu unserer »Erziehung«, weil wir uns sofort an die landesüblichen Sitten gewöhnen sollten.

Obwohl alles so fremd war, fühlte ich mich irgendwie geborgen, einfach zu Hause. Auch das Essen mit den Stäbchen klappte verhältnismäßig gut, da der japanische Reis ziemlich klebrig ist. Beim Fisch und dem Meerlattich war es schon schwieriger, etwas mit den Stäbchen in den Mund zu bekommen.

Am Nachmittag brachen wir zu unserem ersten Ausgang auf, und die Schriftzeichen an den Häusern und Schildern machten einen beängstigenden Eindruck auf mich. Sie wirst du wohl nie lernen, dachte ich, und sah dem Sprachunterricht, der noch in der gleichen Woche beginnen sollte, nicht gerade zuversichtlich entgegen...

Zu diesem Unterricht brauchten wir das Missionsheim nicht zu verlassen. Er wurde von einer japanischen Lehrerin durchgeführt, die zu uns kam. Unsere Muttersprache durften wir dabei nicht benutzen, weil wir sofort japanisch denken lernen sollten.

Vom ersten Sonntag an besuchten wir eine nahegelegene japanische Gemeinde. Wochen später durften wir neuen Missionare schon einige auswendig gelernte Sätze an die Glaubensgeschwister richten. Ich war als erster an der Reihe und wurde von einer in Amerika geborenen Japanerin zur Kanzel geleitet. Hier trat ich zur Seite, um ihr, wie ich es gewohnt war, den Vortritt zu lassen. Doch sie bedeutete mir, daß ich vor ihr die Stufen hinaufgehen sollte. Als »Gentleman« weigerte ich mich das zu tun, und es entstand eine kurze Disputation. – Erst später erfuhr ich, daß in Japan jeder Mann als »Pantoffelheld« angesehen wird, der einer Frau den Vortritt läßt. Diesen Ruf wollte sie mir ersparen.

Als ich schließlich auf der Kanzel stand, kamen mir

zwei Sätze über die Lippen: »Ich liebe den ehrenhaften Erlöser Jesus Christus. – In Japan gefällt es mir sehr gut.«

* * *

Wie erwartet, hatte ich meine Schwierigkeiten mit der Sprache. Im Besonderen erinnere ich mich da an jenen Tag, als ich auf dem Weg zur Stadt einen Bekannten traf, der sich nach dem Ergehen meiner Familie erkundigte. Ich wollte ihm sagen, daß sich meine Frau nicht wohlfühle, verwandte aber nicht das Wort »KANAI«, das für »meine Frau« steht, sonder gebrauchte das Wort »OKU-SAMA«, das »deine oder ihre Frau« heißt.

Erstaunt gab mir der Bekannte zu verstehen, daß es seiner Frau noch gut gegangen sei, als er vor wenigen Augenblicken das Haus verlassen habe, und wollte von mir wissen, auf welche Weise ich die neueste Information über ihr Ergehen erhalten habe.

Sofort wurde mir klar, in welch brenzlige Situation ich mich gebracht hatte, und versuchte schnell zu korrigieren. Da die Japaner im allgemeinen Verständnis für unsere Schwierigkeiten mit ihrer Sprache haben, sind sie auch sofort bereit, Fehlgriffe zu entschuldigen. Von dieser Einstellung profitierte ich nicht nur in jener Situation.

Schon während der ersten Wochen in Japan kam mir, wenn ich die Geschwister in der Gemeinde beim Bibellesen beobachtete, ein Bild. Sie, so sagte ich mir, werden schon durch die vertikale Anordnung ihrer Schriftzeichen zur Zustimmung des Gelesenen angehalten. Das Verfolgen der Zeilen von oben nach unten, hat zwangsläufig ein ständiges Nicken zur Folge. Wir, deren Schrift horizontal, von links nach rechts verläuft, werden dadurch zur Verneinung gebracht. Unser Lesen sieht wie ein ständiges Kopfschütteln aus.

Später, als ich wieder in Amerika war und unter Jugendlichen Dienst tat, verknüpfte ich die beiden Arten zu lesen und sagte: »Wir lesen die Bibel von links nach rechts, das ist die Horizontale, denkt euch dazu, wie die Japaner lesen, von oben nach unten, das ist die Vertikale. Wenn ihr nun beide Arten zu lesen zusammenbringt, habt ihr das Kreuz vor Augen...«

* * *

Kurz nach unserer Hochzeit, – ich greife etwas voraus, – zogen wir in eine Kleinstadt. Hier beobachteten wir oft eine alte Frau, die ein Bündel Reisig auf ihrem gebückten Rücken nach Hause trug. Sie erweckte unser Mitleid und wir beschlossen, ihr die Latten von den Holzbehältern zu schenken, in denen unsere Habseligkeiten während des Umzugs verpackt waren. Nach kurzem Zögern nahm die Frau unser Geschenk an.

Doch zwei Tage später überraschte sie uns aufs Äußerste. Sie, die selbst nicht genug zum Leben hatte, erschien mit zwei Dutzend Eier bei uns, die wir, um die alte Frau nicht maßlos zu kränken, noch nicht einmal ablehnen konnten.

Erst da fiel uns wieder ein, was wir beim Antritt unserer Missionstätigkeit gelernt hatten, nämlich, daß es in Japan ein ungeschriebenes Gesetz sei, auf ein Geschenk mit einem Gegengeschenk von mindestens dem gleichen Wert zu reagieren.

Aus dieser Erfahrung heraus bat meine Frau, als wir kurze Zeit später einem armen Mann auf der Straße begegneten: »Wilhelm, gib ihm nichts. Sieh nur, wie bedürftig er ist.«

Wären mir diese Begebenheiten nicht untergekommen, hätte ich in einer meiner ersten Bibelklassen einen großen Fehler begangen. Im Bemühen, den Kindern das Evangelium nahe zu bringen, erzählte ich von dem großen Geschenk, das uns Gott in seinem Sohn Jesus Christus machte. Sofort kam von einigen die Frage: »Was können wir Gott dafür schenken?«

Normalerweise hätte ich wohl geantwortet: »Nichts.« Damit hätte ich aber, auf Grund des japanischen Denkens, meiner missionarischen Tätigkeit das Wasser abgegraben. So war es aber nicht schwer, ihnen zu vermitteln, daß sie Ihm ihr ganzen Leben schenken sollten.

* * *

Nach etwa neun Monaten schloß unsere Sprachausbildung ab. Das heißt aber nicht, daß wir schon ein einwandfreies Japanisch beherrscht hätten.

Während unserer Ausbildung besuchten wir an Wochenenden andere Missionare, die uns bereitwillig ihre Erfahrungen mitteilten, die uns eine wesentliche Hilfe waren.

Wir erhielten auch Gelegenheit, das Erlernte praktisch anzuwenden. So durfte ich in Begleitung eines älteren Missionars bei einer Straßenversammlung über meine Erfahrungen mit dem Herrn Jesus sprechen. Ich war begeistert, daß so viele Leute stehenblieben und mir zuhörten. Nach einer Weile – ich dachte meine Sätze sehr gewählt formuliert zu haben – schob mich der Bruder sanft zur Seite und erklärte etwas, worüber sich die Versammelten amüsierten.

Nach der Veranstaltung sagte er mir, daß ich durch eine falsche Satzstellung, eine sehr dumme Aussage gemacht habe. »Anstatt: ›Jesus ist für mich gestorben‹ hast du: ›Ich bin für Jesus gestorben‹ gesagt«, erklärte er.

Solche Einsätze dienten außerdem auch zur Klärung unserer Gaben, nach denen wir dann in dem entsprechenden Arbeitszweig der Mission eingesetzt wurden.

Als für mich der Zeitpunkt des praktischen Einsatzes gekommen war, hieß es von den Brüdern Abschied nehmen, mit denen ich im Sprachunterricht zusammen war. Das war für mich eine traurige Angelegenheit. Man hatte sich während der neun Monate doch sehr zusammengelebt; das gemeinsame Beten und das gegenseitige Ermuntern hatte uns gestärk. Das gemeinsame Lachen und Weinen, vor allem wenn man meinte an der schwierigen Sprache zu scheitern, hatte Verbindung geschaffen.

Allem Trennungsschmerz zum Trotz, war ich im Letzten aber getrost. Ich war ja nicht nach Japan gekommen, um hier mit liebgewordenen Missionaren zusammen zu sein, sondern um das Evangelium auszubreiten.

Mich lud ein Bruder zur Mitarbeit ein, der vor zwei Jahren nach Japan gekommen war, und in Utsunomiya, der Hauptstadt des Staates Tochigi, stationiert war. Die Fahrt dorthin dauerte in dem dreirädrigen Auto fünf Stunden und führte über holprige und staubige Wege.

Als ich in Utsunomiya ankam, stellte ich fest, daß

sich das kleine Missionshaus im Armenviertel, am Rande der Stadt befand.

Shelton Allen, der Missionar, war nicht zu Hause. Trotzdem begannen wir damit, meine Habseligkeiten abzuladen.

Für die Kinder aus der Nachbarschaft war das ein besonderes Ereignis. Sie standen in Scharen um uns herum und ich hörte sie immer wieder rufen: »HANA GA TAKAI DES NE! (Was für eine hohe (große) Nase!)«

Sofort nahm ich die Gelegenheit wahr, ihre kleinen, niedlichen Nasen zu loben, was bei ihnen aber nicht gut anzukommen schien.

Tage später erzählte ich in Gegenwart von Bruder Shelton davon, und erfuhr, daß ich wieder einmal, zwar unbewußt, aber doch daneben getreten war. Mein Lob stellte für die Kinder nämlich keine Anerkennung dar. In Japan, so wurde ich aufgeklärt, sei eine große Nase etwas Erhabenes; und jeder wünsche sich im Stillen ein solches Riechorgan. Es gebe sogar »Nasenklammern«, die die Japaner nachts anlegten, um schmalere und höhere Nasen zu bekommen.

Von daher kam mein Kompliment einer Beleidigung gleich. Aber der Herr führte es so, daß daraus kein Hindernis für das Evangelium wurde.

* * *

Nach einiger Zeit erlag ich einem großen Irrtum. Ich sah, daß sich Shelton gut mit den Japanern unterhielt, und meinte, es ihm gleichtun zu müssen. Das gelang mir aber nicht, und ich war oft sehr entmutigt. Ja, es kam soweit, daß Neid in mir aufstieg, wenn ich ihn predigen hörte.

An diesem Punkt erschrak ich über mich, Gott sei dank, möchte ich heute sagen. Ich mußte denken: »Du bist ein Missionar, willst andere für den Herrn gewinnen und machst dich selbst von solchen Äußerlichkeiten abhängig.«

Damit kam die Wende. Ich wandte meinen Blick von den Menschen weg und richtete ihn auf den Herrn, der mich, auch mit meinen Sprachschwierigkeiten, schon als Werkzeug gebrauchen konnte.

Mir wurde nämlich die Idee geschenkt, wie ich das Lernen mit der Evangelisierung verbinden konnte. Ich nahm meine Bibel, ging in kleinere Geschäfte oder zu Gemüseständen an der Straße und sagte: »Entschuldigen Sie bitte, ich bin dabei, Ihre Sprache zu lernen. Könnten Sie mir nicht einen Augenblick helfen?«

»Ja natürlich, sehr gerne«, bekam ich jedesmal, ohne Ausnahme, zu hören, weil es die Japaner beeindruckt, wenn ein Ausländer ihre schwere Sprache erlernen möchte.

Dann schlug ich meine Bibel auf, zeigte auf einen Vers und erklärte: »Ich bin gerade dabei, ihn auswendig zu lernen. Sagen Sie mir bitte, ob ich ihn richtig ausspreche.«

Sehr oft ergaben sich daraus noch weitere Gespräche über den Glauben an den Herrn Jesus Christus. Zum Abschluß dankte ich mit einem Traktat als Geschenk.

Während des Besuchs bei einer Missionarsfamilie kam mir ein weiterer Gedanke, wie ich die Frohe Botschaft, trotz meiner noch vorhandenen Sprachschwierigkeiten, unter die Leute bringen konnte. Der Gedanke wurde mir geschenkt, während ich die Hausfrau bei der Zubereitung des Abendbrottisches beobachtete. Ich erbat mir von ihr ein Päckchen Puddingpulver und den Schneebesen.

Am nächsten Tag setzte ich mich, versehen mit einem Grammophon, einer Schüssel mit Wasser, dem Puddingpulver, dem Schneebesen und einigen japanischen Holzlöffelchen, vor unser Haus. Nicht lange und einige japanischen Hausfrauen umringten mich.

»Ich werde jetzt ein Essen zubereiten«, sagte ich ihnen, gab das Puddingpulver in die Schüssel mit Wasser und schlug es mit dem Schneebesen zu einer sahnigen Masse. Dann verteilte ich die Holzlöffelchen und ließ die Frauen probieren.

Währenddessen war über das Grammophon eine evangelistische Botschaft zu hören.

Natürlich blieb diese Geschichte nicht geheim und ich wurde von den anderen Missionaren nur noch der »Pudding-Evangelist« genannt.

* * *

Als einige unserer Schülerinnen zum Glauben fanden, waren Bruder Shelton und ich sehr froh. Noch mehr freuten wir uns, als wir sahen, daß sie auch treu ihren Weg mit dem Herrn gingen und sich durch nichts davon abbringen ließen.

Schließlich dachten Bruder Shelton und ich im Stillen, – manchmal auch laut –, darüber nach, daß eine solche Schwester eine gute Ehefrau abgeben könnte, wofür die Japanerinnen im allgemeinen auch bekannt waren. Doch leider hatte unsere Missionsgesellschaft verfügt, daß ein Missionar kein japanisches Mädchen heiraten durfte. Der Hintergrund für diese Anordnung war der, daß die japanischen Mädchen, die sich mit amerikanischen Soldaten angefreundet hatten, – die damals noch als Besatzungsmacht in Japan waren –, keinen guten Ruf besaßen. Da wir auch Amerikaner waren und die Gefahr bestand, daß die Bevölkerung zwischen Soldaten und Missionaren nicht unterscheiden konnte, war es zu der besagten Verfügung gekommen. Wir sollten eben keinen Anstoß erregen und alles vermeiden, was der Ausbreitung des Evangeliums im Weg hätte stehen können. Ausgenommen davon war das biblische Wort. An seiner Klarheit wurden keine Abstriche vorgenommen, auch wenn man daran Anstoß nahm.

Bruder Shelton und ich legten unser Sehnen nach Ehefrauen in des Herrn Hand und vertrauten darauf, daß er uns zur rechten Zeit Mädchen in den Weg schicken würde, mit denen wir unser Leben teilen konnten. Trotzdem versuchten wir, auch das unsere zu tun, und dachten über die ledigen Missionarinnen nach, die in unserer näheren Umgebung Dienst taten. Wir kamen jedoch zu dem Schluß, daß unter ihnen keine sei, die die Ehefrau des einen oder des anderen hätte werden können.

In jener Zeit mußte ich in besonderer Weise an eines der Mädchen denken, das mit mir die Bibelschule besuchte. Sie war Krankenschwester von Beruf, nach der missionarischen Ausbildung war sie in ein Leprakrankenhaus auf den Philippinen gegangen. Wir hatten die Verbindung zueinander aber nie abreißen lassen, wenn sie in letzter Zeit auch nur brieflich aufrecht erhalten werden konnte, und wir nur Informationen über unsere Missionsfelder ausgetauscht hatten.

Wirklich, weder in meinen noch ihren Briefen war auch nur ein Anklang davon zu finden, daß wir uns wegen einer späteren Heirat näherkommen wollten. Aber jetzt war dieser Gedanke bei mir da und ließ mich nicht mehr los.

* * *

Im Sommer 1955 fuhren Shelton und ich zum Jahrestreffen unserer Mission nach Jokohama. Alles, was ich während dieses Treffens dachte, hing irgendwie mit dem Mädchen zusammen. Ich muß das so sagen, weil es nun einmal so war. Ich schwankte in diesen Tagen zwischen Hoffen und Bangen. Einmal sagte ich mir: »Gib es auf, du wirst mit dem Mädchen nicht zusammenkommen. Zum einen ist sie von hier sehr weit weg, und zum zweiten bei einer anderen Missionsgesellschaft.«

Dann war wieder die hoffnungsvolle Stimme da: »Der Herr hat in deinem Leben schon so viele Wunder getan. Er kann auch das Wunder tun, daß wir beiden zusammenkommen, allen menschlichen Unmöglichkeiten zum Trotz!«

Schließlich kam mir der vierte Vers des siebenunddreißigsten Psalms in den Sinn: »Habe deine Lust an dem Herrn, so wird Er dir geben was dein Herz begehrt.« Und ich klammerte mich fest daran.

Mitten während der Versammlung verließ ich den

Saal und ging auf das Zimmer, das Shelton und mir zugewiesen wurde. Ich setzte mich hin und schrieb einen Brief nach Manila. Es fiel mir nicht leicht, diesmal etwas ganz anderes zu Papier zu bringen als bisher. Aber ich konnte den Brief nicht abschicken, weil ich die Anschrift des Mädchens nicht bei mir hatte und auch nicht auswendig wußte. Also mußte ich ihn mit zu unserer Missionsstation nehmen.

Auf dem Rückweg verließ mich jedoch der Mut, den Brief abzusenden. Ich erzählte Bruder Shelton die ganze Geschichte, und er ermunterte mich, es doch zu tun. Er machte mir sogar das Angebot, den Brief für mich in den roten Säulenkasten zu werfen, der nicht weit von unserem Haus stand.

Bis es dazu kam, vergingen aber noch einige Tage, da ich immer wieder Einwände dagegen fand.

Doch ungefähr zwei Wochen nachdem Shelton den Brief eingeworfen hatte, hielt ich schon die Antwort darauf in Händen. Bevor ich den Umschlag öffnete, ging ich auf die Knie und betete: »Herr, gib mir die Kraft, daß mir der Herzensfrieden nicht verlorengeht, wenn der Brief eine negative Antwort enthalten sollte.«

Als ich ihn dann las, konnte ich ihm eine halbe Zusage entnehmen. Das Mädchen, so wollte mir scheinen, konnte sich nur deshalb nicht zu einem eindeutigen Ja durchringen, weil ich bisher nichts in dieser Richtung hatte verlauten lassen. Jetzt kam es ihr zu plötzlich und sie schlug vor, über die Sache zu beten und bei einem Treffen zu besprechen.

Mit diesem Brief ging ich zu unserem Missionsleiter, um mir Rat zu holen. Zu meinem Erstaunen schlug er mir vor, nach Manila zu fliegen, um mit dem Mädchen beten und reden zu können.

Fünf Tage später, am 1. Juni 1955, traf ich in Manila ein und wurde von Augusta und einem ihrer Mitarbeiter empfangen. Anschließend fuhren wir zu dem dortigen Missionsheim.

Während der Zeit meines Besuches hatte Augusta gerade Nachtdienst, und ich ging mit ihr ins Krankenhaus. Als sie in der Küche zu tun hatte, sprachen wir über unsere Beziehung, so gut das in dieser Umgebung möglich war. Als Mitternachts-Imbiss schenkte mir Augusta einen Sandwich mit einigen Kopfsalatblättern. Mir war das in diesem Augenblick genug, denn ich war ja nicht des Essens wegen gekommen.

Nachdem ich Augusta erzählt hatte, wie ich vom Herrn geführt wurde, beteten wir zusammen. Im Anschluß daran sprachen wir noch lange miteinander und plötzlich erklärte sie: »Also, wenn es des Herrn Wille ist, daß wir künftig gemeinsam durchs Leben gehen sollen, dann will ich mich fügen.«

Das war nun alles andere als romantisch. Ich hatte mir den Augenblick, in dem mir meine künftige Frau das Ja-Wort gab, ganz anders vorgestellt. Nie wäre mir in den Sinn gekommen, daß es in einer Krankenhausküche morgens gegen drei Uhr geschehen würde! Trotzdem war ich sehr glücklich und konnte, als ich mich in meiner Unterkunft zur Ruhe begab, vor Freude kaum schlafen.

Während wir am nächsten Morgen beim Frühstück saßen, kam ein Freund von Augustas Familie vorbei, dem sie mich vorstellte und hinzufügte: »Ich werde in absehbarer Zeit nach Japan gehen und Wilhelm heiraten.«

Dieser Satz war Balsam für meine Seele und ich hätte am liebsten einen Jauchzer ausgestoßen.

* * *

Nachdem alle Formalitäten zwischen Augustas und meiner Mission erledigt waren, landete die Missionsschwester aus Manila als meine Braut am 13. Oktober 1955 in Tokio. Zu ihrem Empfang hatten mich einige Missionare begleitet.

Ich sehe noch heute, wie ich vor Augusta stand und ihr zur Begrüßung eine Orchidee an das Kleid heftete.

Zwei Monate später, am 15. Dezember, wurden wir von unserem Missionsleiter in unserem Missionsheim getraut. Nach einer einwöchigen Hochzeitsreise, die wir in einem kleinen Fischerdorf verbrachten, kehrten wir nach Utsunomiya zurück und bezogen ein kleines Haus in unmittelbarer Nähe des Missionsheimes.

Tage später, Augusta und ich hatten uns schon zu Bett gelegt, klingelte es an der Haustür. Ich ging öffnen und sah mich einem wüsten Menschen gegenüberstehen, der ein offenes Messer auf mich gerichtet hatte und sich ins Haus drängen wollte. Obwohl zutiefst erschrocken, versuchte ich sein Vorhaben zu verhindern. Da stach er auf mich ein. Ich wich ihm aus, wurde aber noch an der Hand getroffen und blutete stark. Daraufhin drehte der Mann um und verschwand.

Als ich zurückkam, erschrak auch Augusta und schrie laut auf. Da wir kein Telefon hatten und uns nicht aus dem Haus wagten, öffneten wir das Fenster, alarmierten unsere Nachbarn und baten sie, die Polizei zu verständigen.

Etwa eine halbe Stunde später kamen fünf Beamte mit Gummiknüppeln bewaffnet ins Haus gestürmt und schrien: »Wo ist er? Wo ist er?«

Trotz des Ernstes der Stunde, mußten Augusta und ich fast lachen.

Da sie den Übeltäter nicht fassen konnten, brachten sie mich zu einem Arzt, der die Wunde mit einigen Stichen schloß. Von da an hatte Augusta große Angst. Sie dachte, mit den Überfällen würde es nun so weitergehen, da in Manila, von wo sie kam, Einbrüche an der Tagesordnung waren. Ich hatte große Mühe, ihr klar zu machen, daß dem hier nicht so war und dieser Fall nur eine Ausnahme darstellte.

Trotzdem fühlte sie sich von da an nicht wohl, wenn sie abends, während ich Dienste tat, allein zu Hause war. »Wie soll ich denn wissen, daß du es bist, wenn du bei Rückkehr an die Tür klopfst?« meinte sie besorgt. »Es könnte ja doch wieder ein Verbrecher sein!«

Ich verstand ihre Besorgnis, und wir kamen überein, daß ich mich durch ein Zeichen zu erkennen gab. Von da an stimmte ich jedesmal, wenn ich mich unserem Haus bis auf etwa dreißig Meter genähert hatte, das Lied an: »Vorwärts, Christi Streiter, in den heil'gen Krieg...«

* * *

Auch Augusta blieb das Studium der japanischen Sprache nicht erspart, und sie widmete sich ihm mit großem Fleiß.

Trotzdem unterliefen auch ihr in der Anfangszeit einige Schnitzer. So erinnere ich mich an die Begebenheit, als sie bei einem Metzger nach Rinderherz fragte und bei dem Geschäftsmann ein herzhaftes Lachen auslöste.

In der japanischen Sprache gibt es für Herz nämlich zwei Zeichen. Das eine meint das Organ an sich und das andere das Empfinden, das Gemüt. Meine liebe Augusta hatte sich nun in den Begriffen vertan und den Metzger gefragt, was das Gemüt einer Kuh koste.

Im Gegensatz zum Herzen, gibt es in der japanischen Sprache für das Wort Kreuz gar kein Zeichen. Das Kreuzeszeichen steht für die Zahl zehn. Folglich spricht der Japaner auch nicht von einer Straßenkreuzung, sondern von einer Straßen-Zehnung und stellt sich dabei das Kreuzeszeichen vor. Ähnlich machen wir es ja bei der Achterbahn und der S-Kurve. Von daher ist der Herr Jesus für die Japaner nicht am Kreuz, sondern am Zahl-Zehn-Gestell gestorben.

Deshalb ist mit dem Kreuz dort auch gut zu missionieren. Man kann den Menschen leicht zeigen, daß Christus für die Erfüllung der Zehn Gebote gestorben ist, die wir niemals erfüllen können. Außerdem läßt sich durch den Querbalken des Kreuzes gut auf die ausgebreiteten Arme des Heilandes und seine Einladung verweisen: »Kommet her zu mir alle, die ihr mühselig und beladen seid; ich will euch erquicken.«

* * *

Geraume Zeit nach unserem Eheschluß stellten wir ein junges japanisches Mädchen als Haushaltshilfe an. Sie hieß Reiko-san und ich hielt jeden Morgen eine Andachtszeit mit ihr. Ich tat das, weil ich merkte, daß sie noch nicht begriffen hatte, wie man Gotteskind werden konnte, obwohl sie alle Gottesdienste von uns besuchte.

Dann gestand sie mir eines Morgens, daß ihr Herz »KOMARU« sei, was so viel wie verwirrt und ratlos bedeutet. Ich ahnte sofort, was da in Gang gekommen war, und sagte ihr: »Reiko-san, der Herr möchte dich haben.«

Ich blätterte in meiner Bibel, zeigte ihr einige Verse und bat sie, diese so zu lesen, als seien sie nur für sie geschrieben worden. Unter diesen Versen befand sich auch der aus Offenbarung 3,20: »Siehe, ich stehe vor der Tür und klopfe an. So jemand meine Stimme hören wird und die Tür auftun, zu dem werde ich eingehen und das Abendmahl mit ihm halten und er mit mir.«

Dieses Wort bereitete ihr so große Freude, daß sie es sofort auswendig lernte.

Bald danach ging Reiko-san mit der Gemeindejugend zu Missionseinsätzen in Krankenhäuser und war an jedem Sonntagnachmittag in den Kinderstunden zugegen, um zu lernen, wie man den Kleinen die Heilsgeschichte nahebringen konnte.

Zu jener Zeit fanden an jedem Wochenende in Tokio große Evangelisationsveranstaltungen für die amerikanischen Besatzungstruppen statt. Auch ich arbeitete dabei intensiv mit und versuchte anhand alltäglicher Gegebenheiten das Evangelium zu verdeutlichen. So waren die noch nicht ganz getrennten Holzstäbchen, die man in jedem japanischen Restaurant neben die Reisschale gelegt bekommt, ein gutes Demonstrationsmittel, wenn es darum ging, den Sinn von Jesu Tod zu deuten.

Während ich die Stäbchen voneinander trennte, sagte ich etwa folgendes: »So wie diese Stäbchen erst auseinander gebrochen werden müssen, damit sie ihrem Zweck zugeführt werden können, mußte auch der Leib des Herrn Jesus erst gebrochen werden, bevor er uns zum Heil werden konnte.«

Dann führte ich noch das Wort aus Jesaja 53,5 an: »Er ist um unserer Missetat willen verwundet und um unserer Sünde willen zerschlagen. Die Strafe liegt auf ihm, auf daß wir Frieden hätten, und durch seine Wunden sind wir geheilt.«

* * *

Während der Zeltevangelisation, die wir an unserem Ort im Jahre 1957 durchführten, hatte Shelton die Wortverkündigung übernommen. Inzwischen war auch er glücklicher Ehemann. Er hatte die beste Freundin meiner Frau geheiratet, die im Zelt auch das Harmonium spielte und zusammen mit Shelton sang.

Als einer unserer Missionare mit seiner Familie auf Heimaturlaub fuhr, übernahmen wir dessen Haus in Nagahara, einem der vielen Stadtteile Tokios. Hier schloß ich auch meinen Sprachkursus unter erheblichen Störmanövern ab. Störmanöver deshalb, weil uns der Herr in der Zwischenzeit eine kleine Tochter mit Namen Mary Esther geschenkt hatte. Sie schien sich in keiner Weise darum zu kümmern, ob und wie ihr Vater mit dem Sprachstudium zu Ende kam. So oft sich die Möglichkeit ergab, machte sie an meinen Hosenbeinen Klimmzüge und war arg am protestieren, wenn ihre

Bewegungsfreiheit durch ein Laufgitter eingeschränkt wurde.

Wie froh war ich da, wenn unsere neue Hausgehilfin, Kubota-san, die wir von unseren Vorgängern übernahmen, zum Einkaufen ging und die Kleine mitnahm. Kubota-san tat das auch gerne, weil sie durch das Kind in dem Geschäft großes Aufsehen erregte. Alle, die ihr begegneten, bewunderten nämlich die blauen Augen unserer Tochter und wollten ihre helle Haut und ihre blonden Haare anfassen. Außerdem wollten die Japaner wissen, wer die Eltern des Kindes seien und ob der Vater auch Unterricht in Englisch gebe. Kubota-san bejahte, und wir hatten schon bald, dank der Aufmerksamkeit, die unsere Tochter erregte, vier bis fünf Unterrichtsstunden pro Woche zu geben. Während dieser Stunden verkündigten wir natürlich auch die Frohe Botschaft von der Sündenvergebung durch den Herrn Jesus Christus.

Zu unserem Erstaunen erschienen auch die jungen Leute aus der uns gegenüberliegenden Unions-Kirche. Schließlich stellten sich sogar zwei Sonntagsschullehrerinnen und die Frau des Pastors ein. Aber als ich eines Tages erklärte, daß jeder Mensch nur durch den Herrn Jesus Christus Vergebung der Sünden und ewiges Leben erhalten könne und daß dieser Jesus für uns gestorben, begraben und auferstanden sei, ließen sich die Sonntagsschullehrerinnen und die Frau Pastor nicht mehr bei uns blicken. Aber die übrigen Jugendlichen kamen weiterhin zu uns und brachten sogar noch andere mit.

* * *

Es kam der Tag, an dem meine Frau und ich in Heimaturlaub fahren konnten. Wir benutzten das japanische Passagierschiff »Hikawa Maru« und waren, als es ablegte, überrascht, daß so viele unserer japanischen Freunde zum Hafen von Jokohama gekommen waren, um uns »Sajonara« (Auf Wiedersehen) zu sagen.

Wochen später wurden wir im Hafen von San Francisco von einer gläubigen Familie in Empfang genommen. Die lieben Geschwister besorgten uns auch einen guten Gebrauchtwagen, mit dem wir viele Freunde im Westen und Südwesten der Staaten besuchten, bevor wir uns nach Kansas und Missouri begaben, um meine und die Familie meiner Frau zu besuchen.

Schließlich wurde uns in Kansas City ein Haus angeboten, in dem wir den ganzen Heimaturlaub hätten bequem verbringen können. Auf der anderen Seite warteten aber die Gemeinden und unsere Missionsfreunde darauf, daß wir sie besuchten, Vorträge hielten und über unseren Dienst in Japan berichteten. Wir entschieden uns für das Letztere und kamen auf unseren Reisen bis nach Kanada.

Hier besuchten wir auch die gewaltigen Niagarafälle. Als wir hinter der herabstürzenden Wasserwand standen, sagte ich zu dem Fremdenführer: »Diese Wasserfälle hat mein Vater entworfen.«

Der Mann sah mich erstaunt an und wollte wissen: »Wann war das denn?«

»Vor etwa sechstausend Jahren«, sagte ich ihm und berichtete über noch weitere Wunderwerke des himmlischen Vaters.

* * *

Nach einigen Schwierigkeiten mit den Behörden konnten wir ein Jahr später die Rückreise nach Japan wieder antreten. Wir schifften mit dem Frachtdampfer »Sagami Maru« aus, und mir wurde sogar erlaubt, Gottesdienste an Bord abzuhalten.

Wieder in Japan, fanden wir zunächst im Missionsheim in Jokohama Unterkunft und hofften darauf, bald wieder in eine kleinere Stadt ziehen und missionieren zu können. Das heißt aber nicht, daß wir während der Zeit im Missionshaus untätig gewesen seien. Ich freundete mich mit einem Studenten an, der an der Universität das Fach Deutsch belegt hatte, und half ihm bei den Arbeiten. Nicht lange, und er brachte einige seiner Kollegen mit, die ebenfalls das Fach Deutsch belegt hatten. Mit ihnen begann ich schließlich eine deutschsprachige Bibelstunde.

An einem meiner freien Tage fuhr ich in eine kleine Stadt, weil unsere Missionsleitung meinte, daß ich hier unter der Jugend, vor allem unter den Studenten, die die Fächer Deutsch und Englisch belegten, arbeiten könnte. Als Ausgangspunkt wurde die bereits existierende kleine Gemeinde angesehen, die von einem unserer Missionare betreut wurde.

Ein Problem war hier – wie überall – die Wohnungssuche, weil Japan, im Blick auf seine Bodenfläche, sehr dicht bevölkert ist.

An diesem Tag begleitete mich ein Bruder unserer Missionsleitung. Als wir den Bahnhof der kleinen Stadt hinter uns gelassen hatten, stellten wir uns an den Straßenrand und beteten dafür, daß uns der Herr ein geeignetes Haus finden lassen möchte.

Dann wanderten wir die Straßen entlang und zur Erheiterung meines Glaubensbruders suchte ich keine Makler auf, sondern ging in die verschiedensten Geschäfte und fragte die Verkäuferinnen, ob sie nicht ein Haus für mich wüßten. Als mich mein Begleiter von dieser unorthodoxen Haussuche abhalten wollte, steuerte ich auf ein Motorradgeschäft zu und stellte wieder meine Frage.

Diesmal hatte ich Glück. Der Geschäftsmann bot uns das kleine Anwesen seiner Schwiegermutter an, das wir, nach eingehender Besichtigung und der Zusage, daß noch ein Schlafraum angebaut werde, mieteten.

Unsere Sachen, die wir vor Antritt unseres Heimaturlaubes in den Aufbewahrungsraum des Missionshauses gegeben hatten, wurden nun per Bahn zu unserem neuen Wohnort transportiert.

Schon kurz nach unserem Umzug hatte Mary Esther eine ganze Reihe Spielkameradinnen gefunden, die jeden Tag in unser Haus kamen oder sie zum »Asobi« – dem Spielen – hinausriefen. Wenn sie dann mit den anderen sprach, konnten Augusta und ich sie kaum noch von den japanischen Kindern unterscheiden.

Zu unserer Freude führte uns der Herr auch schon bald eine neue, liebe Gehilfin zu. Sie hieß Furukawa-san und kam während einer unserer Morgenandachten zum Glauben an den Herrn Jesus Christus. Nicht lange und sie berichtete von einer Begebenheit, die uns sehr froh machte.

Am Eingang zum einzigen Wohnraum ihres Elternhauses, so erzählte sie, stehe eine Gasflasche, die durch einen geflochtenen Papiervorhang verdeckt wurde, der dem Feuergott gewidmet war. Diesen Vorhang habe sie, weil sie doch Christin geworden sei, vor einigen Tagen weggenommen und zum Verbrennen auf den Hinterhof getragen. Gerade als sie ein Streichholz habe entzünden wollen, sei eine Nachbarin voller Bestürzung angerannt kommen und habe sie vor den schrecklichen Folgen ihres Vorhabens gewarnt.

»Ich ließ mich aber nicht irre machen«, fuhr Furukawa-san fort. »Ich habe ihr gesagt: Wir wollen doch mal sehen wer stärker ist, mein Gott oder der Feuergott.«

Dann habe sie den Vorhang angezündet und er sei, zum Erstaunen der Nachbarin, verbrannt, ohne daß etwas unheilvolles geschah.

Wie ernst es Furukawa-san mit der Nachfolge war, zeigte sich auch bei der Beerdigung ihrer Mutter. Sie stellte sich am Grab in die Reihe ihrer Geschwister, die nach der Tradition Weihrauchstäbchen zu Ehren der Seele ihrer verstorbenen Mutter anzündeten. Als die Reihe an Furukawa-san kam, drehte sie sich rasch um und ging davon. Sie brachte es nicht fertig, sich an diesem heidnischen Brauch zu beteiligen und nahm dafür die Ablehnung der Familie sowie aller Verwandten in Kauf. Eigenartigerweise war sie aber nicht dazu bereit, sich taufen zu lassen. Dieser letzte Schritt der Lebensübergabe an den Herrn Jesus, diese totale Scheidung von der Welt, vermochte sie leider nicht zu vollziehen.

* * *

Zwischenzeitlich hatten wir mit unserer Tochter immer wieder Erlebnisse, die beides, erheiternd und aufregend waren. So erinnere ich mich an eine Begebenheit, die nach dem Kauf eines Motorrades mit Seitenwagen geschah. Ich schaffte mir dieses Gefährt an, weil ich meine Familie auf einem gewöhnlichen Motorrad nur noch schlecht mitnehmen konnte.

Als ich nun wieder mal von einer Fahrt zurückkam, auf die ich nur Mary Esther mitgenommen hatte, erschrak ich beim Blick in den Seitenwagen zu tiefst. Er war leer, meine Tochter war nicht mehr da! Wo, um alles in der Welt, mochte sie geblieben sein? Für mich gab es nur die eine Erklärung: Du hast sie unterwegs verloren!

Kreidebleich ging ich ins Haus, um meiner Frau die traurige Nachricht zu überbringen. Aber noch während ich nach geeigneten Worten suchte, war hinter mir ein fröhliches Stimmchen zu hören: »Hallo, Vati! Hier bin ich!«

Sie erzählte uns, daß sie sich im geschlossenen Bug des Seitenwagens versteckt hatte.

* * *

Aus meiner Erinnerung taucht auch Takekawa-san auf. Er zählte zu den etwa fünfzehn jungen Männern, die ich in Englisch und Bibelkunde unterrichtete. Diese Klasse entstand dadurch, daß ich vor der Oberschule, die nicht weit von unserer Wohnung lag, Traktate und Einladungen verteilte.

Nach einer Unterrichtsstunde, als die andcren Schüler schon gegangen waren, kam Takekawa-san auf mich zu und erklärte: »Nächste Woche werde ich den Herrn in mein Leben aufnehmen.«

Ich wunderte mich, daß er damit bis zur nächsten Woche warten wollte. Aber noch bevor ich eine Frage stellen konnte, sagte er: »Die anderen sind ja schon weg.«

Damit war die Sache für mich nicht klarer geworden. Aber ich schwieg und wartete ab, in der Hoffnung, dadurch vielleicht wieder etwas typisch japanisches lernen zu können.

In der folgenden Unterrichtsstunde war das Geschehen für mich schon in den Hintergrund getreten, aber nicht für Takekawa-san. Nachdem wir einige Lieder gesungen hatten, fragte er mich, ob er den Mitschülern etwas Wichtiges mitteilen dürfe. Ich nickte und war gespannt, was er zu sagen hatte.

»Vorige Woche, als ihr schon gegangen wart«, begann er, »wollte ich Christ werden, weil mir aufging, daß ich nur durch den Herrn Jesus vor dem ewigen Tod bewahrt werden kann. Aber ich konnte mich da noch nicht bekehren, weil unser Lehrer sagte, daß in der Bibel steht: ›Wer mich bekennt vor den Menschen, den werde ich auch vor meinem himmlischen Vater bekennen.‹ Dieses Bekenntnis war aber nicht möglich, weil ihr schon weg wart. Jetzt möchte ich euch sagen, daß ich Christ sein möchte.« Dann blickte er mich an und meinte erleichtert: »Jetzt bin ich mir meiner Erlösung ganz sicher!«

Von den anderen Schülern sagte keiner etwas, aber ihre Gesichter verrieten, daß ihnen das Zeugnis zu Herzen ging. Eine Woche später ließ sich Takekawa-san auch taufen.

Durch ihn gelang es mir, ein weiteres Stück in die

japanische Denkweise einzudringen. Die wohl wesentlichste Lektion erteilte er mir im Zusammenhang einer von ihm geplanten Reise nach Tokio. Sie sollte an einem Tag stattfinden, an dem auch Bibelunterricht angesetzt war, zu dem er sich entschuldigte. Dann erschien er aber doch und ich fragte: »Bist du nicht nach Tokio gefahren?«

Er bejahte und ich fragte verwundert: »Wie bist du so schnell wieder zurückgekommen?«

Er sah mich irritiert an und entgegnete: »Zurückgekommen – von wo?«

»Von Tokio natürlich!« hielt ich dagegen.

»Ich bin ja nicht nach Tokio gefahren!« erklärte er und sah mich eigenartig an.

»Ich habe dich doch gerade gefragt, ob du in Tokio warst und du hast ja gesagt«, versuchte ich Klarheit in die Sache zu bringen und war nahe daran, mich zu ärgern.

»Nein, das hast du nicht gefragt!« setzte sich Takekawa-san zur Wehr.

»Dann sag du mir, was ich gefragt habe!«

»Du hast mich gefragt: ›Bist du nicht nach Tokio gefahren?‹ Darauf habe ich mit ›Ja‹ geantwortet. Hättest du mich gefragt: ›Bist du nach Tokio gefahren?‹ anstatt: ›Bist du nicht nach Tokio gefahren?‹, hätte ich mit ›Nein‹ geantwortet. Ich kann auf eine negative Frage doch nicht die gleiche Antwort geben wie auf eine positive!«

Gegen diese Denkweise konnte ich nichts einwenden, weil sie richtig war.

Takekawa-san wurde immer offener und vertraute sich mir an. So erfuhr ich, daß er in schlimmen Familienverhältnissen lebte. Sein Vater war in Kofu ein angesehener Arzt, ließ seine Frau, weil sie krank war, aber im Stich. Die Arme mußte ihr Dasein in einem alten Haus verbringen. Das Vorgehen dieses Arztes war jedoch keine einmalige Sache, es ist in Japan fast an der Tagesordnung.

Takekawa-san wohnte nun bei seiner Mutter, teilte mit ihr die ärmlichen Verhältnisse und sorgte für sie, so gut es ging. Durch seinen Einsatz war er ein solches Zeugnis für den Herrn Jesus, daß seine Mutter bald nach ihm auch zum Glauben fand.

Takekawa-san hatte noch drei Brüder, die alle Mediziner waren. Er selbst sollte nach dem Willen seines Vaters ebenfalls Arzt werden.

Wie es sich ergab, weiß ich nicht mehr, jedenfalls sprachen wir eines Tages über das Thema Bibelschule, und nicht lange danach teilte mir Takekawa-san mit, daß er sich für den Besuch einer solchen Schule entschieden habe. Wie er mir später berichtete, bezog er seine Mutter in die Urteilsbildung mit ein. Sein Vater war über diese Entscheidung sehr böse und drohte damit, ihn zu enterben wenn er nicht Arzt werde.

Takekawa-san ließ sich aber nicht beirren, erklärte seinem Vater, daß ihm die himmlischen Güter, die er durch die Hinwendung zu Jesus habe, viel mehr wert seien, als eine irdische Erbschaft. Das beeindruckte den Vater so, daß er seine Androhung nicht in die Tat umsetzte.

Schon kurz nach seiner Bekehrung begann Takekawa-san auch damit, die Jugendarbeit in unserer Gemeinde zu leiten. Dann, als unsere Missionsgesellschaft ein

Grundstück zur Erstellung einer Kirche gekauft hatte, war er mein eifrigster Helfer. In jeder freien Minute war er an der Baustelle zu finden. Für unser leibliches Wohl sorgte meine Frau, die zu jeder Mahlzeit auch unseren Sohn Timotheus mitbrachte, der uns in der Zwischenzeit geschenkt worden war.

Takekawa-san sah mich als seinen geistlichen Vater und Berater an, und ich erfuhr durch ihn die Tatsache der neuen Verwandtschaft, die der Herr Jesus am Kreuz von Golgatha stiftete, als er den Jünger Johannes an seine Mutter Maria verwies und sie an den Jünger. Später kam dieses Verwandtschaftsverhältnis auch zwischen dem Apostel Paulus und Timotheus zum Ausdruck.

Nach seinem Oberschulabschluß ging Takekawa-san zur Bibelschule nach Tokio. Er konnte das nun auch ruhigen Gewissens tun, da sich eine seiner Schwägerinnen zur Betreuung seiner Mutter bereitfand.

Gegen Ende seiner Bibelschulzeit kam Takekawa-san eines Tages und stellte mir unerwartet ein Mädchen vor. Gleichzeitig wollte er wissen, ob sie, nach meiner Erkenntnis, seine Frau werden könnte. Ich hatte keine Bedenken. Dann betrachteten wir gemeinsam das Wort Gottes und beteten zusammen. Als die beiden wieder gingen, waren sie sehr glücklich.

* * *

Ungefähr zur gleichen Zeit lernte ich den Direktor des örtlichen CVJM kennen. Er lud mich ein, in den Räumen seines Jugendverbandes Englischunterricht zu erteilen. An biblischen Fragen zeigte er kein großes Interesse und meinte auch, daß ich sie nicht zu erörtern brauchte, da schon ein Bibelkreis bestehe. Er gestand mir aber zu, daß, wenn es sich aus dem Verlauf des Unterrichts ergäbe, ich schon etwas über den Glauben sagen dürfe. Das tat ich dann auch, und es ergaben sich immer wieder Möglichkeiten.

Den größten Teil der Unterrichtswilligen stellten die Verkäuferinnen eines großen Warenhauses. Schon nach den ersten Unterrichtsstunden kam eine von ihnen zu mir und erzählte, daß sie am Bibelunterricht des CVJM teilnehme, dort aber eine ganz andere Auslegung erfahre als bei mir. Weil sie meine Wiedergabe des Wortes Gottes aber nicht ganz verstanden hatte, bat sie mich, ihr die Sache noch einmal auf Japanisch zu erklären. Ich gab ihr zu verstehen, daß mir das hier nicht erlaubt sei und lud sie zu mir nach Hause ein.

Zwei Tage später saßen wir in meinem Zimmer zusammen und ich zeigte ihr beides: wie sündig der Mensch in den Augen Gottes ist, und was er getan hat um den reumütigen Sünder zu retten.

Die junge Dame gestand, daß sie noch nie von einem lebendigen Gott gehört hatte und sich vor ihm fürchtete. Trotzdem versprach sie, am nächsten Tag wieder zu kommen. Sie kam aber nicht, und als wir die Post aus dem Kasten nahmen, fanden wir darin einen Zettel von ihr vor mit der Erklärung: »Ich bin zu Ihnen gekommen, wie ich versprochen hatte. Aber ich konnte nicht in Ihr Haus kommen, weil es zu erschreckend für mich war, was Sie sagten.«

Als ich sie später wieder beim CVJM traf, lud ich sie erneut ein und versprach, diesmal nicht von dem »erschreckenden«, sondern von dem »liebenden« Gott zu reden.

Ono-san, wie sie hieß, kam wieder, übergab schließlich auch ihr Leben dem Herrn Jesus und war sehr froh. In ihre Freude fiel aber bald ein Wehrmutstropfen. Ihre Eltern traten mit der Bitte an sie heran, nun den Mann zu heiraten, den sie – wie das in Japan noch oft gepflegt wird – für Ono-san ausgesucht hatten. Der Mann war aber Buddhist und wollte von Jesus nichts wissen. Ich zeigte ihr anhand des Wortes Gottes, daß sich ein Christ nicht mit einem Ungläubigen zusammenspannen lassen dürfe.

Sie akzeptierte das und teilte den Eltern mit, daß sie diesen Mann nicht heiraten werde. Die Eltern gaben sich aber nicht so schnell geschlagen und suchten einen anderen Mann für sie aus. Weil der aber auch nicht dem Herrn Jesus nachfolgte, lehnte Ono-san wieder ab.

Jetzt, da sie Takekawa-san kannte und wußte, daß er zur Bibelschule gegangen war, reifte in ihr die Erkenntnis, daß der vollzeitliche Dienst auch ihr Weg sei.

Doch weil ihr Vater sehr streng war und sich mit aller Macht dagegen stellte, entschloß sie sich zu warten, bis ihr der Herr die Tür zum Bibelschulbesuch öffne.

Das geschah ungefähr ein Jahr später und auf eine Art, die sie nicht in Erwägung gezogen hatte. Ihr Vater, der in einem kleinen Vorort Arzt war, starb nämlich.

Umgehend bezog sie nun die Bibelschule und wurde schon nach kurzer Zeit mit einem Schüler zusammengeführt, den sie nach Abschluß der Ausbildung auch heiratete.

* * *

Im November hörten wir, daß sich ein starker Taifun unserer Stadt näherte. Unsere Nachbarn gingen sofort daran, die Fenster und Glastüren mit Brettern zu vernageln. Wir taten es ihnen gleich. Gegen sechs Uhr ging das Licht aus und wir schleppten unsre Schlafmatten, Kissen und Decken in den Mittelgang des Hauses, der am weitesten von den Fenstern und Glastüren entfernt war. Hier legten wir uns zur Ruhe. Für Mary Esther war das ein großer Spaß, weil sie mit den Gummistiefeln zu Bett gehen durfte. Auch meine Frau und ich behielten die Kleider an. Bevor wir uns hinlegten, beteten wir gemeinsam.

Der Taifun kam mit strömendem Regen, der Wind stieß so heftig gegen das Haus, daß wir befürchteten, es würde jeden Augenblick zusammenstürzen. Aber es hielt dem Toben stand.

Bei dem Taifun, den wir ein Jahr vorher während des Tages erlebten, war das anders gewesen. Da weichte die hintere Hauswand auf, die aus Lehm und geflochtenem Stroh bestand, und das Haus brach zusammen. Uns, dem Herrn sei Dank, geschah dabei aber nichts.

* * *

Als unsere Tochter sechs Jahre alt war, brachten wir sie in das Internat für Missionarskinder nach Tokio. Sie war nur noch an den Wochenenden mit uns zusammen und jedesmal, wenn es Abschied nehmen hieß, flossen viele Tränen. Besonders schlimm wurde das während der Weihnachtszeit, wo in unserem Haus eine besonders heimelige Atmosphäre herrschte.

Während dieser Zeit wurden wir von verschiedenen

Schulen und anderen Einrichtungen eingeladen, um zu erzählen, wie man dieses Fest in unserer Heimat feierte. Ich nutzte diese Gelegenheiten und erzählte die Geschichte von Christi Geburt. Gleichzeitig erläuterte ich auch den Grund seines Kommens, nämlich, um unsere Erlösung zu schaffen.

Das wurde nun unterschiedlich aufgenommen. Bei einer Veranstaltung, ich erinnere mich noch gut daran, stand der Leiter der Einrichtung nach meinen Ausführungen auf und erklärte: »Wir glauben das natürlich nicht, was wir eben gehört haben. Das ist eine westliche Ideologie. Unser Gott ist Hotokesama, der ehrenhafte Buddha.«

In einer anderen Schule verlief eine solche Veranstaltung wesentlich erfreulicher. Nach meinem Vortrag ermutigte uns der Leiter, jedem Schüler ein Traktat zu geben. Anschließend richtete er an die jungen Zuhörer die Bitte: »Werft das Blättchen nicht weg, lest es sorgfältig durch und gebt es an eure Freunde weiter. Es enthält eine wichtige Botschaft.«

Dieser Lehrer lud mich auch wenig später ein, an seiner Schule Bibelunterricht zu erteilen. Ich nahm diese Einladung mit Freuden an, war mir allerdings nicht sicher, ob diese Einladung etwas mit seinem Prestigedenken zu tun hatte: Seht mal her, an meiner Schule hat ein ausländischer »Professor« einen Lehrstuhl.

Letztlich war das für mich aber auch nicht von Bedeutung. Die Hauptsache war, daß ich die Frohe Botschaft von der Erlösung durch den Herrn Jesus Christus verkündigen konnte.

Gelegentlich suchte ich auch die Armeecamps unserer amerikanischen Besatzungstruppen auf, was eine

»Abwechslung« zu meiner Arbeit unter den Japanern darstellte. Dabei lernte ich einige Armee-Pfarrer kennen, denen ich meine illustrierten geistlichen Lektionen zeigte. Diese Pfarrer, die auch verschiedene Programme für die Familien der Truppenangehörigen durchführten, waren davon angetan, und ich erhielt nun mehr Einladungen zu Diensten als ich annehmen konnte.

Im Rahmen dieser Dienste fand ich auch Zugang zu den Armee-Krankenhäusern, in denen Verwundete des Vietnam-Krieges lagen. Ihnen sagte ich nicht nur das Evangelium weiter, sondern bedachte sie auch mit praktischer Hilfe. So schrieb ich im Auftrag von Schwerverletzten Briefe und führte für sie Telefongespräche.

* * *

Inzwischen war der Juni des Jahres 1963 herangekommen, und für uns stand ein neuer Heimaturlaub an. Wir konnten uns darüber gar nicht so recht freuen, weil wir uns gerade erst richtig eingewöhnt und eingearbeitet hatten. Außerdem – und das beschwerte uns im Besonderen – sollte dieser Urlaub mit einer größeren Umstellung für uns verbunden sein. Nach ihm sollten wir nicht mehr nach Japan zurückkehren, sondern nach Europa gehen, weil unserer Missionsgesellschaft eine Erweiterung ihrer Tätigkeit in diese Richtung aufgetragen wurde.

Nach viel Gebet und ebenso vielem Überlegen wurde uns mitgeteilt, man sei zu der Überzeugung gekommen, uns nach Deutschland zu schicken, da ich damals der einzige deutschsprechende Missionar unserer Gesellschaft war.

Das hatte zur Folge, daß wir in diesem Urlaub nur kurze Zeit mit unseren Familien zusammen waren. Denn schon bald begaben wir uns zum Büro unserer Missionsgesellschaft nach Brooklyn, New York, um Missionare kennenzulernen, die ebenfalls in Europa Dienst tun sollten. Ferner wollten wir uns mit den speziellen Aufgaben, die in Europa auf uns warteten, vertraut machen.

Während dieser Zeit nahmen wir auch an dem praktischen Dienst unserer Mission teil, und ich erhielt eines Tages den Auftrag, vor der Universität, in der vor allem Juden studierten, Neue Testamente zu verteilen. In diesen Testamenten waren die prophetischen Stellen aus dem Alten Testament durch fetten Druck hervorgehoben.

Ich stellte neben mir ein Schild auf mit dem Hinweis, daß hier Neue Testamente kostenlos zu haben seien. Doch keiner der Studenten schien Interesse an den Schriften zu haben. Alle gingen vorüber und ließen sich nur schwerlich ansprechen. Da betete und überlegte ich, wie das zu ändern sei. Mit einem Mal wurde mir eine Idee geschenkt. Ich stellte das Schild auf den Kopf und tat, als sei mir das nicht bekannt. Es dauerte nicht lange und ich wurde von einigen Studenten angesprochen.

»He«, sagten sie, »siehst du denn nicht, daß dein Schild auf dem Kopf steht?«

Ich machte ihnen das Kompliment, daß sie sehr aufmerksam beobachteten, und leitete mit der Bemerkung, daß in unserer Welt so manches auf dem Kopf stehe, zu einem geistlichen Gespräch über.

* * *

Am 29. Januar 1965 bestiegen wir das Schiff, das uns über den Atlantik nach Bremerhaven brachte, jenem Ort, von dem aus ich dreißig Jahre zuvor wegen der Naziverfolgung Deutschland verlassen hatte.

Von Bremerhaven aus fuhren wir zu unserem Stationsort Frankfurt, wo wir in eine kleine Gemeinde eingeführt wurden, die wir nach kurzer Zeit selbst übernahmen. Ich war sehr froh, daß ich das Wort Gottes zum ersten Mal in meiner Muttersprache verkündigen durfte.

Mary Esther schickten wir in eine der dortigen Volksschulen und unseren Timmy in einen Kindergarten. Beide sprachen noch kein Wort deutsch. Aber schon bald beherrschten sie diese Sprache besser als meine Frau.

Da wir unsere Möbel in Japan an Bekannte verschenkt hatten – der Transport nach hier wäre zu teuer gewesen –, gingen wir nun daran, uns neu einzurichten. Wir »kauften« uns die entsprechenden Sachen auf der Straße, immer wenn Sperrmüllabfuhr war. Es wurden nämlich sehr gute Sachen zum Abtransport bereitgestellt, die zur Vernichtung wirklich zu schade waren.

Neben dem Dienst in der Gemeinde arbeitete ich mit anderen Missionaren im Freizeitbereich und in der Evangelisation zusammen. Mein bis dahin größtes Erlebnis bestand in einer Studienreise nach Israel, die von einem Bruder des »Bibel Christenbundes« geleitet wurde.

Nach Beendigung der Reise blieb ich noch etwas länger im Heiligen Land. Mir wurde aufs Herz gelegt, Bekannte zu besuchen, die noch vor der Hitlerzeit nach

Israel ausgewandert waren. Ich wollte ihnen zeugnishaft die Botschaft von unserem Messias Jesus Christus nahebringen.

Während ich mich auf den Weg zu ihnen machte, wußte ich sehr wohl, was mir, als ehemaligem Juden, widerfahren konnte. Ich fuhr deshalb auch nicht unbesorgt zu den Bekannten aus Wittlich, dem Geburtsort meiner Mutter, wo wir bei den Großeltern sehr schöne Ferien erlebten und mit den Kindern besagter Bekannten spielten. Ich betete unterwegs sehr viel.

Als ich in Haifa an ihrer Haustür klingelte, öffnete mir eine Frau, die ich sofort erkannte, sie mich allerdings nicht. Nachdem auch bei ihr das Erkennen gekommen war, rief sie die anderen Familienmitglieder herbei und es entstand ein großes Hallo. Dann telefonierte sie mit ihren Geschwister und Bekannten und plante eine große Willkommensparty für mich.

Ich wußte: »Wenn du den Herrn bezeugen willst, mußt du das jetzt tun. Du darfst damit nicht warten, bis getanzt und getrunken wird.«

Also räusperte ich mich und sagte: »Ich muß euch etwas sehr Interessantes erzählen, bevor ihr etwas zu meinem Willkommen unternehmt.«

»Ach«, wehrten die Bekannten ab, »damit kannst du doch bis später warten!«

Ich ging nicht darauf ein und alle setzten sich hin, um mir zuzuhören. Nach einer kurzen Einleitung kam ich auf Abels Opfer zu sprechen und verglich es mit dem seines Bruders Kain. Dann erinnerte ich an den Auszug aus Ägypten, wo das Blut an den Türpfosten bewirkte, daß der Todesengel an den Häusern der Israeliten vorüberging und leitete zu dem erlösenden Opfer Jesu auf Golgatha über.

Ich war mit meinen Ausführungen noch nicht zu Ende gekommen, da stand der Hausherr auf und sagte verärgert: »Das hätte ich von dir nicht erwartet! Wir freuten uns, dich wiederzusehen und hofften, etwas darüber zu erfahren, wie ihr der Hitlerverfolgung entkamt. Uns hätte auch interessiert, wo deine Geschwister sind, was sie arbeiten und ob deine Eltern noch leben. Aber das, was du uns da erzählst, das ist das Schlimmste, was du uns antun konntest. Ich bitte dich deshalb, geh sofort und setz deinen Fuß nie wieder über unsere Schwelle!«

Ich sah ihren Schmerz und fühlte auch den eigenen, war aber trotzdem froh, daß ich ein kurzes Zeugnis hatte geben können.

* * *

Wieder in Deutschland, kam eines Tages ein junger Mann, der Mitglied unserer Gemeinde war, ganz aufgeregt zu mir und erzählte, daß er im Park eine Frau getroffen habe, die behaupte Christus zu sein.

Ich versuchte ihn zu beruhigen und sagte: »Das kann unmöglich unser Herr sein. Erstens ist er nicht weiblich und zweitens ist uns im Wort Gottes gesagt, daß der Herr Jesus bei seinem Wiederkommen so erscheint, daß die ganze Welt wissen wird, daß er da ist.«

Doch das reichte dem jungen Mann noch nicht. Er war weiterhin von den Aussagen der Frau überzeugt. Kurz entschlossen ging ich mit ihm in den Park. Unterwegs betete ich im stillen darum, der Herr möge mir

Weisheit und Vollmacht geben, daß ich diesen Schwindel als Schwindel erkenntlich machen könne.

Als wir im Park ankamen, war die Frau noch da und behauptete auch in meiner Gegenwart, Christus zu sein. Da wurde mir plötzlich die Bitte in den Mund gelegt: »Zeigen Sie doch mal Ihre Handflächen.«

Sie tat es und ich erklärte: »Das sind nicht die Hände meines Herrn! In ihnen sind die Nägelmale der Kreuzigung zu sehen!«

Daraufhin schwieg die Frau und der junge Glaubensbruder sah mich mit strahlendem Blick an. Jetzt hatte er Erkenntnis erhalten, und wir gingen erleichtert nach Hause.

* * *

Im Frühjahr 1967 entschied meine Missionsgesellschaft, ihren Dienst in Europa wieder einzustellen. Mir wurde anheim gestellt, weiter in Deutschland zu bleiben und mit dem »Bibel Christenbund« zusammenzuarbeiten oder im anderen Fall wieder nach Japan zu gehen.

Trotz der erheblichen Mehrarbeit, die mit einem erneuten Umzug verbunden war, entschieden wir uns für Japan.

Jetzt fühlten wir uns mehr und mehr als Fremdlinge, die auf Erden kein Bürgerrecht haben, deren Heimat droben im Licht ist.

* * *

Nach unserer Ankunft in Japan bot mir mein Freund Shelton an, erneut mit ihm in Utsunomiyas zusammen zuarbeiten. Ich ging darauf ein und konnte regelmäßig in zwei Oberschulen und einer Privatschule, in der vor allem Englisch gegeben wurde, christlichen Unterricht erteilen. Da mir auch keine Beschränkungen auferlegt wurden, wäre ich über diese offene Tür voll zufrieden gewesen, wenn es nicht unsere Kinder gegeben hätte.

Zu jedem Wochenbeginn sträubten sie sich so sehr dagegen, wieder in das Internat für Missionarskinder nach Tokio zu gehen, daß wir befürchteten, sie würden seelischen Schaden nehmen. In unserer Not beteten wir um eine Lösung des Problems und berieten uns mit der Missionsleitung.

Sie schlug uns schließlich vor, selbst nach Tokio zu gehen, damit wir die Kinder zumindest an jedem Abend bei sich hätten. Wir nahmen das Angebot an und von Utsunomiya Abschied.

Mir fiel er sehr schwer, zumal ich noch am Tag unseres Aufbruchs das Angebot erhielt, an einer weiteren Schule christlichen Unterricht zu erteilen.

Doch ich durfte erfahren, daß uns der Herr nur dann etwas nimmt, wenn er uns Größeres geben möchte. Durch eine Klimaanlage, die wir in Utsunomiya von einem Unternehmer erhielten, der eine deutsche Frau geheiratet hatte, kam ich auf wunderbare Weise in Tokio mit dem Präsidenten einer Universität in Verbindung, der mich als Deutschlehrer anstellen wollte.

Dieser Aufgabe fühlte ich mich nicht gewachsen. Ich konnte mir beim besten Willen nicht vorstellen, japanischen Studenten in ihrer Sprache deutsche Grammatik beizubringen. Doch der Präsident war anderer Meinung.

Er redete mir weiterhin freundlich zu und machte mir Mut.

Ich wußte, daß diese Universität auf der Lehre des Konfuzius stand, und erzählte nun dem Präsidenten von meinem Glauben. Gleichzeitig verwies ich darauf, daß ich nicht als Deutschlehrer nach Japan gekommen sei, sondern um das Evangelium, wie es in der Bibel verankert ist, zu verkünden. Und obwohl ich in diesem Unterrichtsangebot eine große Möglichkeit sah, die Frohe Botschaft von Jesus Christus unter junge Menschen zu bringen, so war ich mir aber nicht sicher, ob dieses Angebot auch mit dem Willen des Herrn im Einklang stand.

Um das zu erfahren, ging ich noch einen Schritt weiter und sagte dem Präsidenten: »Wenn überhaupt, dann könnte ich diese Stelle nur annehmen, wenn mir zugestanden würde, daß ich den Studenten auch biblisches Wissen vermitteln darf.«

Der Präsident zögerte einen Augenblick, dann sagte er: »Diese Hochschule ist der orientalischen Denkweise verpflichtet. Aber ich möchte Sie nicht davon abhalten, auch Ihre Vorstellungen kundzutun, wenn Sie das in einer gemäßigten Weise tun und von den Studenten und der Leitung dieser Einrichtung keine Einwände kommen.«

Trotzdem gab ich noch keine feste Zusage, sondern holte mir erst die Einwilligung meiner Missionsgesellschaft.

Am Vorabend meines ersten Unterrichtstages fühlte ich mich sehr unwohl und wünschte mir, daß der Herr sofort kommen möchte und ich am nächsten Tag nicht zur Universität müßte.

Aber mein Wunsch ging nicht in Erfüllung, und ich

stand am nächsten Tag vor den Studenten. Da durfte ich jedoch die Zusage der Schrift erfahren, daß die Kraft des Herrn in den Schwachen mächtig ist.

Ich versuchte von der ersten Unterrichtsstunde an, ein vertrauensvolles Verhältnis zu den Studenten zu bekommen, was mir auch gelang.

Deshalb konnte ich auch in einer der nächsten Stunden sagen, daß es schön wäre, wenn wir keine Fremdsprachen lernen müßten. Alle Studenten stimmten zu. Dann erzählte ich ihnen, daß es vor vielen Jahren eine Zeit gegeben habe, in der alle Menschen die gleiche Sprache gesprochen hätten.

Natürlich wollten die Studenten wissen, wann das gewesen sei und was zur Vielfalt der Sprachen geführt habe. Das war für mich nun die Gelegenheit, die Geschichte vom Turmbau zu Babel zu erzählen.

So ging das noch weiter. In fast jeder Stunde führte es der Herr dahin, daß ich ganz natürlich über den biblischen Glauben reden konnte.

Allerdings zeigte sich hin und wieder, daß auch die japanischen Studenten gefallene Menschen waren und mich zu betrügen versuchten, wenn es um einen säumigen Kommilitonen ging. Als sie aber merkten, daß ich ihnen hinter ihre Schliche gekommen war, hielten sie sich zurück.

Dann geschah das, was ich insgeheim schon lange befürchtet hatte. Einer der Studenten sagte vor der ganzen Klasse: »Herr Professor, Sie reden immer nur von einer westlichen Religion. Sollten Sie nicht in gleicher Weise auch vom Buddhismus, dem Schintoismus und der Lehre des Konfuzius reden?«

Im ersten Augenblick dachte ich, das ist das Ende deiner missionarischen Tätigkeit an dieser Universität. Dann fing ich mich aber wieder und erklärte: »Es gibt nur einen wahren Gott, und das ist der Gott der Bibel. Aber von jetzt an werde ich während des Unterrichts nicht mehr von ihm sprechen. Wer mehr über ihn wissen möchte, kann sich mit mir nach dem Unterricht treffen.«

Es blieben sechs Studenten zurück, und wir fragten bei der Universitätsverwaltung nach, ob uns nicht ein Unterrichtsraum zur Verfügung gestellt werden könnte. Unserem Begehren wurde stattgegeben, und ich gab von nun an wöchentlich dreimal Bibelkunde an der Uni. Die Klasse wuchs bald auf fünfzehn Studenten an, und es fielen echte Entscheidungen für den Herrn Jesus. Die gläubigen Studenten trafen sich dann jeden Morgen vor Beginn des Lehrbetriebes und beteten für ihre ungläubigen Kommilitonen.

Von meinem Unterrichtsentgelt, das in die Missionskasse lief, kaufte die Gesellschaft nach einiger Zeit einen Wohnwagen. Den stellte ich neben unserem kleinen Haus auf und nutzte ihn als Klassenzimmer für meine »Bibelschüler«. Außerdem fuhren wir mit ihm in die Stadt und führten Straßenevangelisationen durch.

Auch der Dienst, den ich an einer Tokioer Musikschule tun durfte, war sehr gesegnet.

* * *

Während meiner letzten Jahre in Japan wurde ich oft von einem japanischen Prediger-Bruder, der eine deutsche Bibelschule besucht hatte, zur Mitarbeit eingeladen. Während seiner Ausbildungszeit hatte er Mennoniten-Brüder kennengelernt, die aus Rußland kamen und wegen ihres Glaubens schwere Verfolgungen erlitten hatten. Einige von ihnen hatte er nach Japan eingeladen und bat mich nun, mit ihnen als Übersetzer umherzureisen, damit auch in den Gemeinden seines Heimatlandes die Not der russischen Glaubensgeschwister bekannt und ihnen Hilfe zuteil werde.

* * *

Nach unserer Rückkehr vom japanischen Missionsfeld wurde mir aufs Herz gelegt, nach Deutschland zu gehen und in den Gemeinden darüber zu berichten, wie der Herr mir, dem einstigen Juden, der in Deutschland verfolgt wurde, die Sünden vergab und ewiges Leben schenkte.

So machte ich mich im Jahre 1982 auf und besuchte zunächst Gemeinden rußlanddeutscher Mennoniten-Brüder. Fast in jeder Gemeinde wurden mir Anschriften von weiteren gleichgesinnten Gruppen und Kreisen gegeben. Überall, wohin ich kam, versuchte ich vor allem mit den Jugendgruppen in Kontakt zu kommen. Die Jugend war es doch, die die Fackel des Glaubens weiterzutragen hatte.

Ein besonderes Anliegen für mich war, in meine Heimatstadt Dortmund zu kommen und hier ein Zeugnis für meinen Herrn und Heiland abzulegen. Aber ich hatte keinen Anknüpfungspunkt. Dann lernte ich einen Bruder kennen, der zwischen mir und einem Dortmunder Pastor eine Verbindung herstellte. Der Pastor lud mich sofort ein und arrangierte eine Veranstaltung, in der ich meine ganze Geschichte erzählen konnte. Der Herr schenkte mir große Freude und Freiheit, über die Verfolgung meiner Familie, unser Leben in Amerika, meine Militärzeit und vor allem über meine Bekehrung und meinen weiteren Weg mit dem Herrn zu sprechen.

Nach der Versammlung kam eine Glaubensschwester zu mir, bedankte sich für den Vortrag und stellte ihre Mutter vor, die aus der damals noch vorhandenen DDR auf Besuch bei ihr war. Bis dahin hatte ich noch niemand von jenseits der unseligen Grenze kennengelernt. Als ich erfuhr, daß diese Mutter auch gläubig war, wurde mein Interesse noch größer, weil ich schon lange den Wunsch hegte, auch in diesem Teil Deutschlands einmal den Herrn zu verkündigen. Mir fehlte nur die entsprechende Kontaktperson. Deshalb rückte ich sofort mit meinem Anliegen heraus.

Daraufhin versprach diese Frau, mich nach dort einzuladen und mir bei der Erledigung der Einreiseprobleme behilflich zu sein.

Wieder in den Staaten, besuchte ich unseren Sohn, der auf einer Bibelschule in Pennsylvania war und sich im Musikunterricht auf die Zugposaune spezialisierte. Bei diesem Treffen erwähnte ich meinen Europabesuch, und der Musiklehrer fragte, ob ich eine Chance für eine Deutschland-Tournee seines besonders geschulten Teams sehe, zu dem auch mein Sohn Timmy gehöre.

Wir stellten verschiedene Überlegungen an und kamen zu dem Schluß, daß die Kosten für dieses Unternehmen nicht sehr hoch waren und von jedem Schüler getragen werden konnten. Sofort trat ich in brieflichen Kontakt mit den Geschwistern in der Bundesrepublik

Deutschland und jener Schwester in der DDR. Sie bat ich zusätzlich um die versprochene Unterstützung bei der Beschaffung der erforderlichen Einreiseerlaubnis.

Die gesamten Vorbereitungen nahmen fast ein ganzes Jahr in Anspruch. Dann waren alle Formalitäten erledigt und ich flog als »Vorauskommando« nach Deutschland, um noch Einzelheiten abzuklären.

Am 9. März 1983 kam das Team nach und landete in Luxemburg. Schon am nächsten Tag hatten wir in der Fußgängerzone in Wittlich, dem Geburtsort meiner Mutter, unseren ersten öffentlichen Auftritt. Kasernen, Gefängnisse, Krankenhäuser und vieles mehr zählten zu unseren weiteren Auftrittsstationen. Natürlich verkündigten wir die Frohe Botschaft nicht nur musikalisch. Mit jedem Auftritt war auch eine evangelistische Wortverkündigung verbunden, für die ich verantwortlich zeichnete.

Als Transportmittel diente uns ein VW-Bus und ein Achtsitzer-Citroen.

Das eindrücklichste Ereignis dieser Tournee war unsere Reise in die DDR. Zu unserer Überraschung erhielten wir keine Genehmigung, in dieses Staatsgebiet zu fahren. Wir mußten aus den Autos aussteigen, unser ganzes Gepäck ausladen und zu Fuß über die Grenze gehen. Nach der Erledigung der erforderlichen Kontrollen und Formalitäten konnten wir auf der anderen Seite einen Zug besteigen.

Über das, was sich unseren Augen hier darbot, waren fast schockiert. Der Unterschied zwischen West und Ost war enorm. Die Gebäude verlangten dringend nach Renovierung und die Fahrzeuge schienen uns aus dem vorigen Jahrhundert zu stammen.

Mit uns saßen zwei Teenager aus der DDR im Abteil. Sie hörten gespannt unserer Unterhaltung in Englisch zu. Ob sie uns verstanden, war mir nicht klar. Schließlich sprach ich sie auf Deutsch an, und sie waren sehr erstaunt. Dann stellten sie viele Fragen. Sie wollten wissen, woher wir kamen, wohin wir wollten und weshalb wir unterwegs waren. Das war die Gelegenheit, ihnen von unserem Herrn zu erzählen. Ich hatte nicht erwartet, daß sie viel von und über Gottes Wort wußten, aber es erstaunte mich nun doch, daß bei ihnen überhaupt nichts vom Evangelium vorhanden war. Am Schluß gaben sie mir ihre Anschriften, und ich schickte ihnen Traktate und christliche Literatur.

In Sangerhausen wurden wir von der Schwester, die ich in Dortmund kennengelernt hatte, am Bahnhof abgeholt. Zu Hause bewirtete sie uns so gut es ihr möglich war, und wir besuchten in den folgenden Tagen verschiedene Gemeinden, Hauskreise und Jugendgruppen.

Auch die Städte Halle und Wittenberg standen auf unserem Reiseprogramm. Überall, wohin wir kamen, bat man uns um noch weitere »Auftritte«, und wir konnten nicht allen Wünschen entsprechen.

Von diesem Zeitpunkt an bin ich fast jedes Jahr für drei bis vier Monate zu Verkündigungsdiensten in Deutschland gewesen.

* * *

Auf Bitten hin übernahm ich im Frühjahr 1985 in meiner Heimatstadt Kansas City den Seelsorgedienst in einem großen christlichen Heim für schwangere Mädchen, die man vor Abtreibungen bewahren möchte.

Neben der seelsorgerischen Betreuung wird den Mädchen eine Weiterbildung in Handarbeiten, Kochen und der Kinderpflege geboten. Während von den praktischen Angeboten gerne Gebrauch gemacht wird, ist das bei der Seelsorge nicht der Fall.

Die Mädchen kommen zumeist aus zerrütteten Verhältnissen und wollen mit Glaubensdingen nicht das geringste zu tun haben. Ich erbat mir deshalb immer wieder Weisheit, Verständnis und vor allem Geduld vom Herrn, um mit diesen jungen Menschen in rechter Weise umgehen zu können.

Eines der Mädchen stellte mich vor eine besonders harte Bewährungsprobe. Sie war nicht nur halsstarrig, sondern auch gehässig. Als sie zu dem in diesem Haus üblichen Gespräch in mein Zimmer kam, sagte sie sofort: »Machen Sie es kurz mit dem, was Sie zu sagen haben. Ich möchte wieder schnell hier raus!«

Ich versuchte weiterhin freundlich zu ihr zu sein. Aber sie starrte mich nur mit kalter Verachtung an.

Schon vor diesem Gespräch hatte ich über ihren Familiennamen nachgedacht, weil er so eigenartig war. Ins Deutsche übersetzt bedeutete er so viel wie Narbenburg. Ich lenkte nun das Gespräch darauf und erklärte, daß sie einen aussagekräftigen Namen habe, er erzähle eine ganze Geschichte.

Da horchte sie interessiert auf, und ich fuhr fort: »Die erste Hälfte zeugt von einer traurigen, die zweite von einer ermutigenden, hoffnungsvollen Geschichte...«

Das Interesse des Mädchens wurde größer.

»Die erste Hälfte Ihres Namens spricht davon, daß Ihnen Wunden geschlagen wurden«, erklärte ich. »Sie sind zwar verheilt, ihre Folgen aber noch nicht beseitigt. Die Narben sind noch zu sehen...«

Sie spürte mein aufrichtiges Mitleid und schien sich zu öffnen. Das ermutigte mich, auch über den zweiten Teil ihres Namens zu sprechen. »Von ihm ist oft in der Bibel die Rede. Er wird als Trost für Menschen gebraucht, die in Problemen und Sorgen stecken wie Sie. Ich denke da an den dritten Vers des achtzehnten Psalms: ›Herr, mein Fels, meine Burg, mein Erretter; mein Gott, mein Hort, auf den ich traue, mein Schild und Berg meines Heils und mein Schutz!‹ Und dieser Herr ruft auch: ›Kommet her zu mir alle, die ihr mühselig und beladen seid; ich will euch erquicken.‹ Und dieser Ruf gilt auch Ihnen. Vertrauen Sie darauf, ganz feste.«

Als ich das gesagt hatte, sprang sie auf und fauchte: »Das interessiert mich nicht, nicht im geringsten! Ich will mit der Religion nichts zu tun haben!«

Dann rannte sie aus dem Zimmer und schlug die Tür heftig hinter sich zu.

Einen Augenblick lang war ich etwas benommen. Dann faltete ich die Hände und betete: »Herr, wie soll es nun weitergehen?«

Minuten später war mir, als spreche mich der Herr ganz persönlich an und sage: »Du hast meine Botschaft mit ihrem Namen in Verbindung gebracht. Wenn du ihr wieder begegnest, sage einfach nur ihren Namen, sie wird sich dann an das Gespräch mit dir erinnern.«

Kurz vor Mittag traf ich mit ihr auf dem Flur zusammen, als sie in den Speisesaal gehen wollte, und ich sagte: »Guten Appetit, Fräulein Narbenburg!«

Sie blieb einen Moment stehen und starrte mich ernst an, dann ging sie weiter.

Am Abend, als ich nach Hause fahren wollte, begegnete ich ihr wieder auf dem Flur und sagte: »Gute Nacht, Fräulein Narbenburg, schlafen Sie wohl.«

Ich grüßte sie jetzt immer mit ihrem Namen, wenn ich sie im Heim sah.

Zwei Wochen später konnte sie der Wahrheit, die sie mit ihrem Namen herumtrug nicht mehr widerstehen und traf eine Entscheidung für den Herrn. Sie tat das aber bei dem Heimleiter, und der berichtete mir erst davon, nachdem sie das Heim schon wieder verlassen hatte.

Während meines Dienstes als Heimseelsorger unterbrach ich meine jährlichen, drei- bis viermonatlichen Reisen nach Europa aber nicht. Meine Frau als gelernte Krankenschwester war dann mit Krankenbesuchen in der Gemeinde besonders aktiv.

* * *

An den ersten Besuch in Dortmund nach meiner Zeit in der Armee erinnere ich mich noch sehr gut. Ich kam nämlich aus dem Staunen nicht heraus, weil ich noch immer die Trümmerberge vor Augen hatte, jetzt aber schöne Häuser sah und pulsierendes Leben wahrnahm.

Nun erwachte auch der Wunsch in mir, meine Schulkameraden wieder zu treffen. Ich sah im Telefonbuch nach und rief bei drei Familien an. Leider wurde mir von allen beschieden, daß meine Schulfreunde bereits verstorben seien. Kein erfreulicher Start.

Aber ich gab nicht auf und machte schließlich einen Mitschüler ausfindig. Der ermöglichte es mir, mit zwei weiteren in Verbindung zu kommen. Der eine von ihnen war Direktor eines Hotels und brachte mich kostenlos in »seinem Haus« unter. Der andere war Journalist und arrangierte ein abendliches Mini-Klassentreffen, zu dem auch ein Reporter erschien, der am nächsten Tag einen Bericht mit Bild über unser Zusammensein in der Zeitung brachte.

Jetzt riefen viele Leute bei mir im Hotel an. Zumeist waren es frühere Angestellte meines Vaters. Dann erreichte mich der Anruf einer Schulkameradin meiner älteren Schwester. Sie und andere aus der gleichen Klasse luden mich zu Kaffee und Kuchen ein. Es war ein schöner Nachmittag, und wir machten eine Tonbandaufnahme, die wir meiner Schwester nach Rio de Janeiro schicken wollten.

Schließlich berichtete ich über den eigentlichen Grund meiner Rückkehr nach Deutschland, und die Atmosphäre kühlte merklich ab. Alle waren plötzlich irgendwie verkrampft. Ich merkte wieder einmal, daß das Wort vom Kreuz denen eine Torheit ist, die verlorengehen. Man wollte auch von einem ehemals verfolgten Juden, der erkannt hatte, daß Jesus der verheißene Messias ist, das Evangelium nicht hören. Doch ich war froh, daß ich meinen Herrn nicht vor den Menschen verleugnet hatte. Was die Menschen nun damit machten, das war ihre Sache. Sie hatten nun keine Entschuldigung mehr, sie konnten nicht mehr sagen, daß sie das Wort nicht gehört hatten.

* * *

Im Herbst des gleichen Jahres ergab sich die Möglichkeit, daß ich mit drei Brüdern einer christlichen Jugendorganisation aus der DDR nach Rumänien fahren konnte. Ich nahm diese Gelegenheit wahr und schockierte über die Verhältnisse in diesem sozialistischen Land. Sie waren wesentlich schlechter als in der DDR.

Unter anderem besuchten wir in Oradea, nahe der ungarischen Grenze, die damals größte christliche Gemeinde in Ost-Europa. Sie hatte allerdings kein großes, ansehnliches Versammlungshaus aufzuweisen. Wir wurden zu einem gewöhnlichen Wohnhaus geführt. Dafür war es aber bis in den letzten Winkel mit Besuchern vollgestopft. Man sagte uns, daß die meisten der zweitausend Gemeindeglieder, schon ein bis zwei Stunden vor Beginn des Gottesdienstes kämen, nicht um einen guten Platz zu erhalten, sondern um zu beten. Der Gottesdienst, dauerte dann noch drei Stunden lang.

Damals geriet ich, während eines Vortrags vor einer Jugendgruppe, in ziemliche Verlegenheit. Ich richtete, wie ich das schon oft bei ähnlichen Veranstaltungen getan hatte, die Aufforderung an die jungen Leute, für den Herrn auf die Missionsfelder dieser Erde zu gehen.

Da sah mich der Leiter der Gruppe ernst an und sagte betont: »Lieber Bruder, wir befinden uns hier auf einem Missionsfeld. Wir brauchen uns nach keinem anderen umzusehen. Wer sollte denn die dreiundzwanzig Millionen Menschen unseres Landes für Jesus gewinnen, wenn wir von hier fortgingen!«

Diese Worte habe ich nicht vergessen. Mir legte sich die geistliche Not des Ostens auf das Herz, und so oft ich Gelegenheit finde, trotz meines fortgeschrittenen

Alters, mache ich mich dorthin auf den Weg, um die Erlösung von Jesus Christus zu verkündigen.

Ich suche nämlich noch immer nach der Stelle in der Bibel, wo unser Herr seinen Jüngern die Anweisung gibt: Geht hin in alle Welt und verkündigt das Evangelium, kommt aber nach Erreichung einer gewissen Altersgrenze zurück und setzt euch zur Ruhe.

Er selbst hat auf dem Missionsfeld der Welt doch bis zu seinem Tod gearbeitet – sollte uns, als seinen Nachfolgern, etwas anderes gelten?...

* * *

Nachdem ich im Jahre 1983 schon einmal in China weilte, erhielt ich zwei Jahre später nochmals die Gelegenheit, dieses Land zu besuchen. Die neuerliche Möglichkeit ergab sich im Verlauf eines Japan-Aufenthaltes, den ich auf Einladung unserer Missionare machte.

Ich war bis nach Kyushu gekommen, der größten südlichsten japanischen Insel. Hier wohnte ich bei den Eltern, deren Tochter ich als Austauschschülerin in meiner Heimatstadt Kansas City kennengelernt hatte.

Da ich schon einmal auf Kyushu war, besuchte ich auch den mit mir befreundeten Missionar in Omuta. Während eines Gesprächs erzählte er mir, daß er wieder von einem Missionar nach Hongkong eingeladen worden sei. Der Glaubensbruder suche laufend Geschwister, die bereit seien, Bibeln in die Volksrepublik China zu bringen.

Dann berichtete er von dem Segen, der von dem »Biebeltransport« ausgegangen sei, den er vor kurzem nach China gebracht habe.

Dieser Bericht kam als Auftrag bei mir an und ich bekundete Interesse an dem Unternehmen. Zu meinem Erstaunen rief der Glaubensbruder sofort bei seinem Freund in Hongkong an, erzählte ihm von unserem Gespräch und meiner Reaktion darauf. Das Telefonat endete mit dem Resultat, daß ich so bald wie möglich nach Hongkong kommen und dann auch als »Bibeltransporteur« eingesetzt werden solle.

Trotz aller Freude darüber, daß ich auch auf diese Weise Werkzeug für die Sache des Herrn sein durfte, war ich jetzt doch sehr aufgeregt.

Als ich in Honkong ankam, fühlte ich mich nicht gerade wohl. Es herrschte ein unwahrscheinliches Gedränge in den Straßen. Die Menschen wimmelten hin und her wie Ameisen und die Autos fuhren dicht an dicht, als schiebe eines das andere.

Als ich schließlich zu dem Missionar kam, wurde ich sofort zur »China Travel Agency« gebracht, wo ein dreitägiger China-Aufenthalt für mich beantragt wurde. Das entsprechende Visa konnte ich schon am folgenden Tag abholen.

Wieder bei dem Missionar zurück, packte man mir einen Rucksack mit zwei Dutzend chinesischen Bibeln und wies mir im Gebäude des Hongkonger CVJM, ein Zimmer zur Übernachtung zu.

Hier überfiel mich Zweifel. Ich fragte mich, ob dieses Unternehmen wirklich im Sinne Gottes sei, und es entbrannte ein harter Kampf in mir. Ich sank auf die Knie und betete lange Zeit...

Am nächsten Morgen war ich zur vereinbarten Stunde an der vereinbarten Stelle im Hafen und bestieg das

Schnellboot nach Guangzhou, wo ich nach zweistündiger Schaukelfahrt ankam.

Schon einige Zeit bevor wir den Hafen erreichten, kam ein Zollbeamter an Bord und sah sich alle Passagiere eingehend an. Auf meinen Rucksack schien er es in besonderer Weise abgesehen zu haben, jedenfalls wollte mir so scheinen.

Nachdem das Boot im Hafen angelegt hatte, mußten wir durch ein Spalier von Soldaten zum Zollgebäude gehen. Hier galt es, einige Fragebogen auszufüllen und verschiedene Auskünfte zu erteilen. Dann wurde unser Gepäck auf ein Förderband gelegt, das an einer Durchleuchtungsanlage vorbeilief, hinter der ein Zollbeamter saß. Als ich meinen Rucksack wieder aufnahm, sah er mich eigenartig an. Ich war sicher, daß er gesehen hatte, was in dem Rucksack war, aber er sagte nichts, und ich ging langsam, um nicht aufzufallen, dem Ausgang zu.

So, wie mir gesagt wurde, begab ich mich zu einem genau bezeichneten Hotel und gab den Rucksack, gegen Empfangsbescheinigung, am Gepäckaufbewahrungsschalter ab.

Wieder in Hongkong zurück, händigte ich den Empfangsschein dem Missionar, der mich auf die Reise geschickt hatte, aus. Er übersandte den Schein seinem chinesischen Glaubensbruder, der damit den Rucksack abholen und anschließend die Bibeln verteilen konnte.

* * *

Mein Reiseplan der folgenden Jahre enthielt Ziele in Europa, Asien und Afrika.

Als ich in Süd-Afrika war, beschloß ich, auf dem Rückflug nach Amerika meiner in Rio de Janeiro lebenden Schwester einen Besuch abzustatten.

Da wir uns jahrelang nicht gesehen hatten, gab es ein frohes Wiedersehen. Aber das konnte nicht darüber hinwegtäuschen, daß eine große Kluft zwischen uns bestand. Ich betete deshalb um Weisheit und Liebe, daß ich meiner Schwester und ihrer Familie ein Zeugnis für den Herrn sein könnte.

Die Kluft zeigte sich schon kurz nach meiner Ankunft, als ich eine alleinstehende Nichte von mir anrufen wollte. Meine Schwester quittierte dieses Begehren mit einem Blick zur Uhr und erklärte: »Der Sabbat hat schon begonnen. Ich werde den Hörer erst morgen nach dem Sonnenuntergang wieder abnehmen. Wir können die Nichte aber morgen früh besuchen.«

Ich erklärte mich damit einverstanden und erfuhr, als wir am nächsten Morgen unterwegs waren, daß sich die Nichte ganz der Kabbala hingegeben habe, einer auf alter Mystik fußenden jüdischen Geheimlehre, in der auch Momente moderner Zauberei enthalten sind.

Die Nichte hatte uns, wie mir erst bei unserer Ankunft aufging, zu einer privaten »Ende-des-Sabbat-Zeremonie« eingeladen. Ich konnte mich des Eindrucks nicht erwehren, daß sich alle nur wegen mir, dem Abtrünnigen, tiefer mit dem Judentum eingelassen hatten, damit in der Familie ein solcher Fall, wie der meine, nicht wieder vorkomme.

Natürlich schwieg ich nicht zu dem, was da ablief. Ich erläuterte unsere jüdischen Schriften und versuchte herauszuarbeiten, daß alle in ihnen enthaltenen Prophetien auf den Messias Jesus hinwiesen. Aber ich fühlte mich in dieser Wohnung, in der ich die nächsten Familienangehörigen um mich hatte, wie ein Fremder.

* * *

»Wo du nun schon mal in Rio de Janeiro bist, kannst du auch einen Abstecher nach Paraguay machen«, dachte ich.

Dort hatte ich nämlich Geschwister im Herrn und wußte, daß ich bei ihnen nicht auf die Fremde, die mir hier unter den Blutsverwandten entgegengebracht wurde, stoßen würde.

Die Geschwister, die ich im Blick hatte, hatte ich bei einer meiner ersten Reisen nach Deutschland kennengelernt. Sie waren damals noch nicht lange aus Rußland gekommen. Trotzdem war der Vater wegen des Verhaltens seiner sechs Kinder schon sehr unglücklich. Sie hatten nicht immer die Kraft, sich dem Sog der unchristlichen Gesellschaft, die in der vermeintlichen großen Freiheit lebte, zu entziehen. Deshalb sehnte er sich nach einer anderen Umgebung, die auch schlichter und unkomplizierter war.

In Paraguay, wo er verschiedene Glaubensgeschwister besucht hatte, die nach dort umgesiedelt waren, sah er diese Umgebung. Und nach seinem zweiten Besuch in diesem südamerikanischen Land zog er mit seiner Familie selbst dorthin.

Seitdem hatte er mich schon oft eingeladen. Jetzt wollte ich seiner Einladung Folge leisten.

Nach einem dreieinhalbstündigen Flug landete ich in

der paraguayischen Hauptstadt Asuncion, was soviel wie »Auffahrt« oder »Himmelfahrt« heißt. Beim Verlassen des Flugzeuges schlug mir eine Hitzewelle entgegen, daß ich meinte, in einen feurigen Ofen geraten zu sein. Ein Blick zum Thermometer gab Aufschluß über die Ursache: es zeigte sechsunddreißig Grad über Null an!

Am Flughafen nahm mich der Sohn des Glaubensbruders in Empfang und brachte mich zu einem Bus, in dem wir eingequetscht zwischen Menschen, Kartoffelsäcken und Hühnerkäfigen eine über fünfstündige Fahrt zu bestehen hatten.

Dann hielt das Gefährt an, auf freier Strecke, wie ich meinte, weil ich die wenigen, abseits der Straße gelegenen Häuser infolge der Dunkelheit nicht sehen konnte. Der junge Glaubensbruder ging zu seinem Motorrad, das er in der Nähe geparkt hatte, und fuhr das Familienauto holen. Währenddessen stand ich allein in der Dunkelheit, spürte nur, daß es heiß und alles um mich herum sehr staubig war.

Als der junge Bruder mit einem alten Auto erschien, das außen und innen ebenfalls eine Staubschicht trug, sah ich, daß der Staub nicht grau, sondern rot war. Schließlich erreichten wir das Ziel und hielten an einem alten Zaun, hinter dem sich das Anwesen des Glaubensbruders befand. Sofort erschien die ganze Familie und begrüßte mich aufs herzlichste. Den Weg ins Haus zeigte man mir mit einer Öllampe.

Als man sich zur Ruhe begeben wollte, wurde mir eine Schlafstelle zugewiesen, die mit einem Moskitonetz überspannt war, und ich spürte überhaupt kein Lüftchen mehr.

Im Verlauf der Nacht mußte ich zur Toilette. Man hatte gesagt, daß sie draußen sei, ohne mir den Standort genau zu beschreiben. Aber ich fand sie durch meinen Geruchssinn auch so...

Während der vielen Reisen hatte ich schon manches Schlafstörende kennengelernt, zum Beispiel laut tickende Uhren. Gegen sie wußte ich mich dadurch zu schützen, daß ich ihr Pendel anhielt und sie zum Stehen brachte. Aber wie, um alles in der Welt, stellte man den Hahn ab, der darauf bedacht war, durch sein Krähen alle wissen zu lassen, daß in Paraguay der Morgen um siebzehn Minuten vor vier beginnt!...

Doch bald ging mir auf, daß die Leute hier wirklich so früh aufstehen mußten, um das Tageslicht voll ausnutzen zu können. Elektrischen Strom hatten sie in dieser Gegend damals noch nicht. Als Ausgleich zum zeitigen Aufstehen gingen sie aber auch schon früh zu Bett.

Die einzelnen Ansiedlungen lagen etwa fünf bis acht Kilometer auseinander. Die Leute waren alle Mennoniten, die in ihrem einfachen und ganz dem Herrn ergebenen Wesen ein von der Welt abgesondertes, schlichtes Leben führten.

Ich konnte mir kaum vorstellen, daß da, wo jetzt stattliche Bauernhöfe standen und sich fruchtbare Felder ausdehnten, vor noch gar nicht all zu langer Zeit undurchdringlicher Urwald gewuchert haben sollte.

Als ich eine Woche später wieder abreiste, stand für mich fest, daß ich eine Lebensweise und eine Hingabe an den Herrn erlebt hatte, die ich nicht mehr vergessen würde.

* * *

Wieder zu Hause, freute ich mich darüber, daß ich nicht mehr aus den »Koffern leben« mußte und in dem Heim für schwangere Mädchen wieder seelsorgerischen Dienst tun durfte. Aber schon nach verhältnismäßig kurzer Zeit befriedigte mich das nicht mehr. Ich mußte wieder für meinen Herrn unterwegs sein, vor allem in den Ländern, die damals noch unter sozialistischer Herrschaft standen.

Oft habe ich versucht, den Drang zum ständigen Unterwegssein zu analysieren und habe – unter allem Vorbehalt – zu der Erklärung gefunden, daß es mit meiner Herkunft zu tun hat.

Die Bibel ist für mich das Buch der Mission. Das wird schon bei Abraham, dem ersten unserer Stammväter, gezeigt. Er erhielt von Gott den Auftrag, sein Vaterhaus zu verlassen und in ein Land zu ziehen, das ihm gegeben werden sollte. Ich als einer seiner leiblichen Nachkommenschaft empfinde in gewisser Hinsicht eine ähnliche Berufung.

Das geht weiter so mit unserem Propheten Jesaja. Er sprach von sich als von einem, den der Herr gerufen hat zum Licht der Nationen, die im Dunkeln wandeln. Es ist bedeutungsvoll, daß der Prophet in diesem Zusammenhang auf den Messias, unseren Herrn Jesus Christus hinweist. Der wiederum sagte: »Wie mich der Vater gesandt hat, so sende ich euch.«

Ich denke auch, daß mein ständiges »Unterwegssein-müssen« damit zu tun haben könnte, daß Gott, als er in alten Zeiten den Heiden die Frohe Botschaft verkündigen ließ, immer einen Juden sandte: Mose zu Pharao, Daniel zu Nebukadnezar, Jona nach Ninive, Petrus zu Kornelius, Philippus zu dem Kämmerer aus Äthiopien, Paulus und Silas zu dem römischen Kerkermeister und so weiter und so weiter.

Also machte ich mich Ende 1986 wieder auf den Weg in die osteuropäischen Staaten. Seit ich in den Ruhestand trat und von Japan zurückkehrte, war das die vierte Reise in diese Länder.

Am Flughafen in Frankfurt-am-Main, wurde ich wieder von der Familie empfangen, mit der ich schon seit Jahren im Herrn verbunden bin. Sie stellte mir auch ein Auto für meine Fahrten zur Verfügung. Diesmal ging es durch die Bundesrepublik, Österreich und drei sozialistische Länder. Und jeden Morgen lief beim Aufwachen das gleiche Ratespiel ab: Wo befindest du dich eigentlich?

Nach meiner Reise durch die Tschechoslowakei besuchte ich einen Pastor in Görlitz, der vor Jahren in Sangerhausen Dienst tat, wo ich ihn während des Auftritts der Bibelschul-Musikgruppe aus Amerika kennenlernte. Er lud mich nun ein, vor der Görlitzer Jugend zu sprechen und ich freute mich, den jungen Menschen, die mit der unheilvollen kommunistischen Lehre vollgestopft wurden, die Botschaft bringen zu dürfen, die über diese Weltzeit hinausgeht und echte Sinnerfüllung des Lebens gibt.

Nur meine Erwartung, dies in einem alten kunstvoll ausgestatteten Gotteshaus tun zu können, wurde nicht erfüllt. Der Pastor führte mich zu einem alten, von Unkraut überwucherten Wohnwagen, der am Ende eines schmalen Feldweges abgestellt worden war, und eröffnete mir, daß in ihm die Veranstaltungen stattfinden sollten. Zunächst kam etwas Enttäuschung auf, aber weil ich wußte, daß Gott überall ist, nicht nur in schmucken Häusern aus Stein – in denen unter Umständen noch am wenigsten –, ging ich freudig ans Werk. Es wurde eine vom Herrn gesegnete Zeit. Nicht nur unter den Jugendlichen, sondern auch unter den Erwachsenen tat sich einiges, die sich abends in der Wohnwagen-Kirche versammelten.

Während eines Gesprächs erzählte mir die Schwiegermutter des Pastors, daß sie aus Leipzig stamme und nur auf Besuch in Görlitz sei. Sie nannte die Anschrift ihrer Leipziger Gemeinde und gab mir außerdem noch die Adresse einer gläubigen Schwester im dortigen Krankenhaus.

Auf diese Weise gelangte ich übrigens zu den vielen Kontaktanschriften, über die sich die Geschwister wundern, die einen tieferen Einblick in meine Arbeit gewinnen.

Nach Beendigung des Dienstes in Görlitz machte ich mich sofort auf den Weg zur Leipziger Gemeinde, um aus der Anschrift eine Kontaktanschrift werden zu lassen.

* * *

Meine längste und aufregendste Reise startete ich am 15. August 1987 von Frankfurt aus.

Während meines Dienstes in Amberg mußte ich denken: »Es ist schon eigenartig: Du als Jude, der sich unter der Hitler-Herrschaft nicht in der deutschen Öffentlichkeit sehen lassen durfte, stehst jetzt vor vielen Zuhörern, sprichst von Sündenvergebung und ewigem Leben.«...

Kurz bevor ich nach Polen fuhr, lernte ich in Süddeutschland einen gläubigen Geschäftsmann kennen, der aus Rumänien stammte. Ihm war es ein Anliegen, die Glaubensgeschwister im Osten mit Dingen des täglichen Lebens zu unterstützen. Er führte mich in ein Lager, das mit Lebensmitteln vollgestopft war, und bat mich, mein Auto bis in den letzten Winkel zu beladen. Das tat ich auch, und die Federung drückte sich fast ganz durch, so daß ich befürchtete, die Achse könnte brechen.

Zum Schluß gab er mir noch eine Menge Einkaufstüten aus Plastik, weil sie in Rumänien angeblich sehr begehrt seien. So war es auch. Überall, wohin ich kam, wurde danach gefragt.

Aber zunächst einmal mußte ich in dieses Land hineinkommen. Und je mehr ich mich der Grenze näherte, um so größer wurde meine Unruhe. Ich hatte über die Zöllner nämlich schlimme Sachen gehört. Sie sollten nicht nur enorm hohe Gebühren fordern, sondern die Autos auch bis in die letzten Winkel durchsuchen.

Als meine Not am größten war, kamen mir die Worte des Herrn in den Sinn: »Meinen Frieden gebe ich euch...« und: »Euer Herz erschrecke nicht und fürchte sich nicht...« Dann: »Der Herr ist mit dir, darum fürchte dich nicht; was können dir Menschen tun!...«

Als die Wachttürme, die Stacheldrahtbarrikaden und schließlich die Zollbeamten in Sicht kamen, die ihre Maschinenpistolen lässig über den Schultern hängen hatten, war ein großer Frieden in mir.

Der Beamte, der als erster auf mich zukam, verlangte meinen Paß und mein Visum. Dann schritt er um mein vollgepacktes Auto herum und beorderte mich zu einem der großen Steintische mit der Aufforderung, alles auszupacken.

Dann standen drei Zöllner um mich herum und schauten in den Kofferraum meines Autos. Ich sah, daß sie ihre Blicke auf den großen Karton mit Kaffee gerichtet hatten. Kurz entschlossen nahm ich drei Päckchen heraus und reichte sie ihnen. Ohne ein Wort zu sagen ließen sie diese rasch unter ihren Uniformjacken verschwinden.

Da kam mir der Gedanke: »Das war etwas für ihren Leib, jetzt mußt du ihnen noch etwas für den Geist geben!«

Mein Blick fiel auf den obersten meiner Koffer, in dem ich die Gegenstände hatte, die ich zur Verdeutlichung meiner geistlichen Aussagen benutzte. Kurz entschlossen öffnete ich ihn, entnahm ihm einige Schnüre und führte den Zollbeamten verschiedene Lektionen vor. Damit bewirkte ich auch, daß sie von ihrer Kontrollfunktion abgelenkt wurden und die Lebensmittel im Auto bleiben konnten.

Die Beamten waren von meinen Vorführungen dermaßen beeindruckt, daß sie noch zwei Kollegen herbeiriefen. Schließlich kamen auch noch einige Reisende hinzu, die wie ich an der Zollstation warten mußten. Als der Oberinspektor zu der Gruppe stieß, mußte ich einige Lektionen, die den anderen besonders gefallen hatten, nochmals wiederholen. Er wollte sogar von mir wissen, wie ich verschiedene Dinge ausführte und ich zeigte sie ihm, weil ich sicher war, daß ich im Blick auf meinen »Lebensmitteltransport« dadurch nur gewinnen konnte.

Als ihm ein falscher Knoten ziemlich gut gelang, klatschten die Umstehenden Beifall.

Augenblicke später schickte er sie fort und erkundigte sich nach meinem Reiseziel. Dann wollte er noch wissen, ob ich etwas zu verzollen hätte. Ich sagte ihm, daß ich Freunde besuchen und ihnen die geladenen Sachen schenken möchte.

»Na gut!« meinte er, drückte den Deckel des Kofferraums zu und gebot einem der Beamten, mir den Paß zurückzugeben. Dann hob sich der Schlagbaum, und ich konnte weiter fahren.

Nach einigen Kilometern hielt ich an und dankte dem Herrn Jesus für das erlebte Wunder. Gleichzeitig bat ich um Weisheit und Bewahrung für meine weitere Reise durch dieses sozialistische Land.

Als ich in Constanta am Schwarzen Meer bei dem Bruder ankam, der mich eingeladen hatte, war er nicht zu Hause. Ich war sehr überrascht, weil ich noch kurz vorher mit ihm telefoniert hatte und er nichts von einem Dienst oder etwas ähnlichem erwähnte.

Seine Frau gab mir in gebrochenem Deutsch zu verstehen, daß er schnell hätte fortgehen müssen.

Etwa eine Stunde später kam er außer Atem zurück und erklärte entschuldigend: »Ich erfuhr überraschend, daß es in der Stadt Hühnerfleisch zu kaufen gab. Schnell bin ich losgegangen und habe mich in die Schlange eingereiht. Als ich in den Laden kam, erhielt ich aber nur noch vier Flügel.« Er zeigte sie voller Freude.

In den folgenden Tagen sollte ich in so vielen Gemeinden, Bibelklassen und Kinderversammlungen sprechen, daß ich weder die Zeit noch die Kraft dazu hatte.

Wegen der Zeit baten mich die Geschwister, mein Visum zu verlängern. Ich entsprach ihrem Wunsch, doch als ich die Verlängerung nach großen Schwierigkeiten besaß, bekam ich enorme Herzschmerzen und fühlte mich sehr schwach.

Da es mir nach eingehendem Gebet wieder etwas besser ging, setzte ich meine Dienste fort. In einer Gemeinde war unter den Zuhörern ein Arzt, der mir eine Menge Nitroglyzerin-Tabletten schenkte mit dem Rat, jedesmal eine Tablette zu nehmen, wenn ich Schmerzen bekäme.

Ich ließ die Geschwister jedoch wissen, daß ich mich nicht mehr in der Lage fühle, meine Dienste fortzusetzen, und begab mich auf den Rückweg. Ihr Bedauern darüber war sehr groß. Letztlich zeigten sie aber Verständnis für meinen Entschluß und beteten für meine Genesung.

Auf Vermittlung eines Pastors wurde mir unterwegs in einem Krankenhaus ein EKG gemacht. Dabei kam zu Tage, daß ich einem Herzinfarkt nahe war. Mir wurde der Rat gegeben, schnell nach Hause zu fahren.

Da die Häufigkeit der Schmerzen aber nachließ, besuchte ich alle Orte in Ungarn, Polen und der Tschechoslowakei, die ich, wie schon vorher geplant, auf dem Rückweg aufsuchen wollte...

Wieder in der Bundesrepublik, machte ich auf dem Weg nach Frankfurt einen Abstecher nach Lage, wo ich neben einigen Freunden einen Rußlanddeutschen Bruder wußte, der mit einer Mission zusammenarbeitete, die verfolgte Gemeinden in der Sowjetunion betreute. Mir gelang es sogar, mich mit dem Leiter der Mission zu treffen. Während dieses Treffens gab ich den schon seit langem gehegten Wunsch preis, auch im fernen Rußland einmal das Evangelium zu verkündigen, zumal die Großeltern meiner Frau von dort stammen würden.

Entgegengesetzt meiner Erwartung, zeigte sich der Missionsleiter nicht besonders erfreut über mein Ansinnen. Nach einigem hin und her, bei dem ich erzählte, daß ich lange als Missionar in Japan Dienst tat, war er bereit, mir zu einem Rußland-Besuch zu verhelfen.

Am 11. November 1987 flog mit weiteren Rußland-Besuchern über Moskau nach Frunse. Hier wurde ich mit einem Bruder aus unserer Reisegruppe in einem Hotelzimmer untergebracht. Er machte mich auf die Wassersprenger an der Decke aufmerksam, die im Falle eines Brandes wassersprühend in Aktion treten sollten, und erklärte, daß sie auch als Abhörgeräte benutzt würden...

Schon bald zeigte sich, daß meine Entscheidung nach Rußland zu reisen total verkehrt war. Das Herz machte mir solche Probleme, daß ich fast die ganze Zeit auf meinem Zimmer verbringen mußte.

Eines Tages raffte ich mich allerdings auf und ging mit den anderen in die Gemeinde. Der Bruder, der mit mir das Zimmer teilte, eröffnete die Reihe der Redner und stellte mich vor. Trotzdem wurde ich zunächst mißtrauisch beäugt. Als ich aber ausführte, daß ich ein Jude sei, der zum Glauben an den Messias Jesus Christus fand, lockerte sich die Atmosphäre merklich. Ich besaß nun auch die Freiheit, das biblische Wort zu verkündigen.

Hinterher wurden noch viele Fragen an mich gerichtet, und wir entschlossen uns dazu, das Gespräch vom Gemeindehaus in ein Privathaus zu verlegen.

Tags darauf flogen wir über Moskau und Ufa wieder nach Frankfurt zurück. Da es mir wieder verhältnismäßig gut ging, nahm ich die Einladung von drei Gemeinden im Raum Bonn an. Aber schon als ich in der ersten Gemeinde zur Kanzel gehen wollte, fühlte ich mich so elend, daß ich mich nicht erheben konnte und darum bat, mich in mein Quartier zu bringen.

Ich warf mich in den Kleidern aufs Bett und bekam solche Herzschmerzen, daß ich dachte, die bevorstehende Nacht nicht mehr zu überleben. Doch am Morgen ging es etwas besser, und, weil ich die Geschwister nicht belästigen wollte, setzte ich mich ins Auto und fuhr die etwa 120 Kilometer nach Frankfurt zurück.

Als ich den Frankfurter Geschwistern von meinen Problemen berichtete, wurde ich von ihnen sofort zum Arzt gebracht. Der machte ein EKG und stellte einen Herzinfarkt fest. Ohne mich lange zu fragen, überwies er mich in das Krankenhaus Simmern im Hunsrück. Gegen seinen Willen ging ich noch einmal zu meinen Gastgebern und holte mir meine Toilettenartikel. Gleichzeitig rief ich meine Frau an und bat sie, nach Frankfurt zu kommen, ohne meine Bitte zu begründen. Ich sagte ihr nur, daß ich schwer erkrankt sei und in eine Klinik müsse.

Man brachte mich zur Intensivstation, wo ich nach Röntgenaufnahmen medikamentös behandelt wurde. Nach vierundzwanzig Stunden wurde ich, da man von einer Operation absah, auf die Station in ein Zimmer gebracht, in dem bereits zwei Patienten lagen.

Ihnen, wie den Ärzten und den Schwestern, konnte ich manches von meinem wunderbaren Herrn erzählen.

Neben meinem Bett hatte ich ein Telefon und konnte auch mit meiner Frau sprechen, so oft es mir beliebte.

Am 8. Dezember kam sie mich dann besuchen. Mein Zustand hatte sich inzwischen so gebessert, daß ich am gleichen Tag entlassen werden konnte. Wir verbrachten dann noch zwei sehr schöne Wochen bei den Geschwistern, die mir auch das Auto für meine Reisen zur Verfügung gestellt hatten.

Wieder in Amerika, unterzog ich mich verschiedenen Untersuchungen und einer dreimonatigen Rehabilitation.

Im Herbst 1989 konnte ich mich mit des Herrn Hilfe wieder auf Missionsreisen begeben. So ist es auch bis heute geblieben. Wie lange das noch geschehen kann? – Ich weiß es nicht. Aber so lange mein Herr mich noch läßt, werde ich es auch tun. Denn: Wirket so lange es noch Tag ist, es wird die Nacht kommen, da niemand mehr wirken kann!